湖南省教育科学"十三五"规划课题（XJK18QZY00）
湖南省社科基金（18YBG019）
湖南省教育厅精品在线课程项目（湘教通〔2018〕430号）
2019年度湖南省农委科技计划项目
湖南省职业教育与成人教育学会科研规划课题（XH2018024）
湖南省职业教育教学改革研究项目（ZJGB2019078）的研究成果

信息化教学推动职业教育现代化的探索研究

◎ 管 昕 著

辽宁大学出版社
Liaoning University Press

图书在版编目(CIP)数据

信息化教学推动职业教育现代化的探索研究 / 管昕著. —沈阳：辽宁大学出版社，2019.12
ISBN 978-7-5610-9902-5

Ⅰ.①信… Ⅱ.①管… Ⅲ.①职业教育－教育现代化－研究 Ⅳ.①G719

中国版本图书馆CIP数据核字（2019））第301810号

信息化教学推动职业教育现代化的探索研究
XINXIHUA JIAOXUE TUIDONG ZHIYE JIAOYU XIANDAIHUA DE TANSUO YANJIU

出 版 者：辽宁大学出版社有限责任公司
　　　　　（地址：沈阳市皇姑区崇山中路66号　邮政编码：110036）
印 刷 者：沈阳文彩印务有限公司
发 行 者：辽宁大学出版社有限责任公司
幅面尺寸：170mm×240mm
印　　张：13
字　　数：210千字
出版时间：2019年12月第1版
印刷时间：2021年1月第1次印刷
责任编辑：吕　娜
封面设计：孙红涛　韩　实
责任校对：齐　悦

书　　号：ISBN 978-7-5610-9902-5
定　　价：58.00元

联系电话：024-86864613
邮购热线：024-86830665
网　　址：http:// press. lnu. edu. cn
电子邮件：lnupress@ vip.163.com

前言 PREFACE

信息化深刻影响教育，以信息化全面推动教学现代化既是时代性的崭新课题，也是职业教育现代化发展的必由之路。我国职教界为此大胆探索创新，推出一系列创新举措，开展丰富的创新实践，改变了我国职业教学的落后面貌。系统研究我国以信息化推动职业教育教学现代化的创新实践，有助于丰富信息化推动职业教育现代化的理论，有助于讲好中国职业教育现代化故事，有助于促进我国信息化推动职教教学现代化更好地发展。随着有线网络技术逐步向无线网络发展，以及便携式电脑终端及手持移动设备性能的显著提升，信息不断膨胀、爆炸，用户的使用习惯不断改变、颠覆。社会信息化高度发展使信息化技术渗透到社会的各个领域，推进了教育领域的信息化进程，信息化教学已经成为教育信息化领域普遍关注的话题。MOOCs、翻转课堂、微课等的发展和盛行，电子书包、移动学习等的应用又将高校信息化教学的发展推上了新的台阶。教师信息化教学能力是信息化教学的重要内容之一，是实现教育信息化的基础和条件，是推动教育信息化改革和发展的重要动力。因此，各国政府对教师信息化教学能力不断提出新的要求。

教育教学实践证明，信息化教学能够改善学生的学习方法和提高学生学习效果。对国内信息化教学进行的调查表明，在课堂中融入信息化教学工具，为学生提供更多利用信息化教学工具进行学习的机会，对提高学生的学习成绩有良好的帮助，可提高学生的知识理解力、实践能力以及表现能力等。

本著作系湖南省教育科学"十三五"规划课题（XJK18QZY006）、湖南省社科基金（18YBG019）、湖南省教育厅精品在线课程项目（湘教通〔2018〕

430号)、2019年度湖南省农委科技计划项目、湖南省职业教育与成人教育学会科研规划课题（XH2018024）、湖南省职业教育教学改革研究项目（ZJGB2019078）的研究成果。

湖南生物机电职业技术学院　管昕

2019年9月

目录 CONTENTS

1 研究背景 / 001

    1.1 "互联网+教育"时代的来临和影响 / 002

    1.2 "互联网+教育"对课堂教学的影响 / 003

    1.3 信息技术应用于课堂教学被广泛关注 / 005

    1.4 信息技术应用过程中存在着共性问题 / 007

    1.5 信息技术应用的有效性研究比较薄弱 / 010

2 相关概念及理论 / 012

    2.1 信息技术的内涵与外延 / 012

    2.2 教育信息技术的内涵 / 015

    2.3 教育技术之内涵演变 / 016

    2.4 教学信息技术的含义 / 017

    2.5 信息化教学 / 018

    2.6 信息化教学能力 / 019

    2.7 有效性的相关概念 / 020

    2.8 信息化教学理论基础 / 023

3 信息技术教学应用有效性的界定 / 036

    3.1 关于有效教学的评价标准研究 / 036

    3.2 信息技术教学应用有效性的相关研究 / 039

    3.3 信息技术教学应用有效性的概念界定 / 041

4 信息化教学设计能力概述 / 045

    4.1 "互联网＋教育"对教师信息化教学设计能力的新要求 / 045

    4.2 信息化教学设计能力的理论基础 / 046

    4.3 信息化教学设计能力的要素及结构 / 048

    4.4 信息化教学设计能力与传统教学设计能力的区别 / 051

5 教育信息化发展水平评估指标体系设计 / 053

    5.1 教育信息化评估指标体系的建立方法 / 053

    5.2 教育信息化发展水平评估指标体系的构成 / 061

    5.3 教育信息化指标体系的权重 / 066

6 教育信息化发展水平评估方法 / 072

    6.1 综合评价指数 / 072

    6.2 综合评价理论与方法 / 077

7 MOOC 的创新特征及扩散价值 / 085

    7.1 技术创新扩散的基本属性 / 085

    7.2 破坏性创新的特征与扩散模式 / 086

    7.3 MOOC 的破坏性创新特征 / 087

    7.4 高等教育领域 MOOC 破坏性创新的特殊性 / 095

    7.5 MOOC 对高等教育教学系统的影响意义与价值 / 097

8 MOOC 创新扩散的动力分析 / 105

    8.1 基于技术接受模型及相关理论的分析思路 / 105

    8.2 扩散动力分析 / 106

    8.3 扩散阻力分析 / 116

    8.4 动力分析模型 / 120

9 中国MOOC创新扩散的实践现状 / 123

9.1 中国MOOC项目实践现状 / 124

9.2 高校MOOC创新扩散的支持环境 / 132

9.3 我国MOOC本土化扩散的问题分析 / 144

10 我国高校MOOC创新扩散的路径选择 / 151

10.1 高校MOOC创新扩散的理论借鉴与政策环境 / 151

10.2 高校MOOC创新扩散的路径设计 / 155

10.3 推进高校MOOC创新扩散的具体路径 / 157

11 高职院校课堂信息化教学的实施 / 176

11.1 高职院校课堂信息化教学的改良 / 176

11.2 高职院校课堂信息化教学发展策略 / 178

11.3 高职院校课堂信息化教学的实施措施 / 181

12 总结与展望 / 186

12.1 研究总结 / 186

12.2 研究展望 / 189

参考文献 / 191

1 研究背景

中国互联网信息中心（CNNIC）的第34次调查报告显示，截至2018年6月，我国手机网民规模首次超越传统个人计算机网民规模，达5.27亿人，并且人均每天手机上网时间长达3.7小时。《2018年中国教育行业信息化建设与IT应用趋势研究报告》指出，"移动""开放"和"参与"将成为教育信息化建设的三个核心词。

社会信息化高度发展使信息化技术渗透到社会的各个领域，推进了教育领域的信息化进程。教育教学实践证明，信息化教学能够改善学生的学习方法和提高学生学习效果。

2018年10月，《中国教育信息化发展报告》发布，该报告对国内各级教育行政机构及各级各类学校在信息化基础设施、信息化教学资源开发与应用、信息化管理、信息化保障机制建设等方面的发展状况进行分析，指出我国教育信息化虽然总体发展速度较快，已经进入初步教育信息化应用整合阶段，但与全面融合信息化教学创新的发展目标相比还有较大差距。一是信息化教育教学资源、软硬件工具多样性不够，应用水平有待提升，信息技术与各学科知识的全面融合还需继续大力推进。二是教师培训已成体系，能力提升有待加强，信息化发展保障机制有待健全，科研信息化服务系统水平相对较低。三是高校各级各类教育基础设施规划建设水平较高，但信息化教学环境资源需进一步优化；以信息技术为支撑的教育科研项目、校本教学、教育资源共享亟待开展；信息化教育资源需逐步加强共建共享。

信息化教学推动职业教育现代化的探索研究

1.1 "互联网+教育"时代的来临和影响

  20 世纪 80 年代后，以计算机技术和电子通信技术为核心的信息技术取得了迅猛的发展，尤其是网络技术的重大突破和快速普及。从 1969 年"阿帕网"（ARPA 网）在美国国防计划署的诞生到 1990 年因特网（Internet）在全球范围内的开通，仅仅用了 20 年。我国自 1994 年宣布正式进入"因特网时代"以来，网络的普及速度之快、渗透程度之深令人惊叹。中国互联网络信息中心（CNNIC）在 2016 年 1 月 22 日发布了《第 37 次中国互联网络发展状况统计报告》，数据显示，截止到 2015 年 12 月底，我国网民总数达到 6.88 亿人，互联网普及率达到 50.8%，超半数中国人接入互联网。其中，以移动互联网、云计算、大数据等为代表的新一代信息技术正以前所未有的广度和深度渗透到人们生活的方方面面，除了传统的通信、消费领域以外，互联网与医疗、教育、交通、金融等社会领域的整合程度也不断加深。互联网已成为人们工作、学习和生活的"基础元素"，可以说互联网对整个社会的影响已经进入一个全新的阶段。目前，对于"互联网+"既没有形成统一的定义，也没有明确界定其内涵。2012 年，易观国际董事长于扬最早提出"互联网+"的概念，认为所有的传统行业都应该被互联网改变，创业者需要找到自己的"互联网+"。于扬虽提出了"互联网+"概念，但并未做出系统论述。2015 年两会，马化腾在其人大提案中明确提出："互联网+"是以互联网平台为基础，利用信息通信技术与各行业的跨界融合，推动产业转型升级，并不断创造出新产品、新业务与新模式，构建连接一切的新生态。随后，《政府工作报告》中提出制定"互联网+"行动计划，但对"互联网+"并未做出具体解释。2015 年 3 月，阿里研究院颁布了国内第一份《"互联网+"研究报告》，全面系统地研究了"互联网+"，明确指出"互联网+"是以互联网为主的一整套信息技术（包括移动互联网、云计算、大数据技术等）在经济、社会生活各部门的扩散、应用过程。其前提是互联网作为一种基础设施的广泛安装，本质是传统产业的在线化、数据化，内涵在根本上区别于传统意义上的"信息化"。

李克强在2015年的《政府工作报告》中明确提出了"互联网+"的新概念，要求社会各行各业与互联网进行深度融合，推动技术进步、效率提升，改造传统的行业形态，形成以互联网为基础设施和创新要素的新形态。面对这一时代发展趋势，我们需要认清：首先，"互联网+"是不可回避的时代发展潮流，是继工业化、信息化之后的社会发展新动力，需要我们以积极主动的姿态去面对；其次，"互联网+"中的"+"不是简单的辅助式加法，而是深度融合式的加法，是从碎片化到重构的加法，未来社会将被互联网连接为一个整体，互联网成为社会中枢，其他方面变成它的肌体和末梢；最后，"互联网+"指向的是技术进步、效率提升和组织变革，进而形成高效的新形态。

1.2 "互联网+教育"对课堂教学的影响

在"互联网+"的发展潮流下，个人计算机和互联网不断普及，众多全新的信息技术和信息化产品逐渐渗透到教育领域。面对这一趋势，我们应该清楚地认识到：一方面，许多信息技术的创新成果并没有带来人们预想中的教育的彻底颠覆，智能教学并未完全取代教师的地位；另一方面，"互联网+"确实给教育领域带来了巨大的系统的变革，在宏观上有着促进教育公平、便利学生自助学习、用大数据服务教务、学习不再有时空限制等的时代机遇，在微观的课堂教学层面上，牵动着课堂教学活动中的人、物、境等要素，并将其重新组合、连接起来。

首先，在"人的维度"上，人是教育活动最基本、最核心的构成要素，这与互联网思维中突出人的概念不谋而合。互联网思维中对"人"强调"开放共享，突出用户体验"。这样一来，"互联网+教育"就重新定义了教育活动中各类人与人的关系：一方面是师生关系，即教师不再自居为"知识权威"，而是以平等的身份和学生互通互联、共同整合教学相关信息，从而优化教学设计方案。同时,"突出用户体验"要求教师在教学过程中"以学生为中心",注重分析教学对象的学习情况和教学反馈情况,能够摆脱原有的从日常教学经验出发的分析状态,转而常态化地使用计算机的自动测试与评分、学习问题诊断、学习任务分配等信息技术手段,并能有效分析相关数据、报告,发现其中的教学问题。另一方面是教师个体或群体之间的关系,尤其是教师间的教学设计的分享、合作意识,走出传统的校内学科交流圈,转而通过网络虚拟学习社区、教师交流论坛等新型平台,积极与地区内、国内各地甚至国际的相关领域教师交流、讨论教学设计过程中所遇到的问题、积累的经验,从而形成更广泛的交流圈。

其次,在"物的维度"上,互联网带来了新一代的信息承载体和承载方式,那么,支持教育活动发生的"物"也随之发生变革。从幻灯投影技术、设备,电视和计算机设备的配置,到数字技术的网络、无线通信技术的移动产品,来自"物"的支持已经从简单的辅助层面向不可或缺的要素层面过渡。对于学习者而言,手机、平板等移动化信息设备拓展了学习空间、填补了碎片化时间,网络课程、资源网站等资源丰富了学习内容,自主学习软件帮助其自主、合理规划学习进程。同时,对于教学者而言,基于大数据的教学分析技术使教学过程转变为可视化的数据,为教学决策提供了客观、科学的依据。

最后,在"境的维度"上有两方面变化。一是教学环境的变化:在教学载体上,学生可以利用网络即时通信、论坛等信息通信技术和产品,获得更多形式的交流、学习,教师也能利用信息化的教学分析技术,与其他教师、学生展开更广泛、深入的交流、讨论,还能有效记录交流过程和内容,便于检查、评价教学进程,进一步提升教学的有效性。在教学时空上,微课教学、翻转课堂、慕课等以信息设备、数字技术和网络平台为支撑的新兴教学模式近年来不断涌现,跳脱出传统的学校教育限制,打破了时空束缚,将网络线上教育与线下学习有机结合。二是教学情境的变化:借助"互联网+教育"的各类教育信息技术和产品,能够让学习者置身于仿真情境中,带着真实的任务去展开学习活动,其中包括:利用图片、动画、视频等多媒体手段,创设生动可感的"故事情境",充分调动学习者的视听感官,进而促进其完成知识的理解和建构;

利用互联网丰富的信息来源引入真实案例，并利用多媒体手段增强其感染力，从而创设出真实、悬疑的"问题情境"，引导学习者分析情境、应用知识；利用几何画板等信息化交互软件，可以构建尽可能接近现实的实验环境，即"模拟实验情境"，为学习者呈现出直观的实验过程和实验结果；利用远程实时通信技术，组织学习者展开 TBL 活动（Team-Based Learning 团队合作学习），明确各自角色，共同协作完成目标任务。

1.3 信息技术应用于课堂教学被广泛关注

近年来，在信息技术快速普及和信息社会迅速发展的背景下，信息技术开始快速、全面走进课堂教学。"信息技术与教学整合"受到了政府、学校和广大教师的空前关注，具体表现在以下几个方面：

首先，国家颁布系列政策强力推进教育信息化。"以教育信息化带动教育现代化，破解我国教育发展的难题，促进教育的创新与变革"成为我国向教育强国迈进的重大战略。教育部 2001 年颁布的《基础教育课程改革纲要（试行）》明确指出："大力推进信息技术在教学过程中的普遍应用，促进信息技术与学科课程的深层次整合，逐步实现教学内容呈现方式、学生学习方式、教师教学方式和师生互动方式的变革。"2010 年出台的《国家中长期教育改革和发展规划纲要（2010—2020 年）》（以下简称《规划纲要》）指出："信息技术对教育发展具有革命性影响，必须予以高度重视，把教育信息化纳入国家信息化发展整体战略。"2012 年《教育部关于印发〈教育信息化十年发展规划（2011—2020 年）〉的通知》指出："充分发挥信息技术的优势，注重信息技术与教育的全面深度融合，在促进教育公平和实现优质教育资源共享、提高教育质量和建设学习型社会、推动教育理念变革和培养具有国际竞争力的创新人才等方面具有独特的重要作用。"自 2012 年开始，为了将教育信息化各项工作落到实处，教育部加强统筹规划和工作协调，每年都印发《教育信息化工作要点》，提出每个年度的工作思路和核心目标，并就年度重点工作进行了明确分工，同时划定责任单位。2014年，教育部为了提升教师的信息技术应用能力，促进信息技术与教育教学深度融合，颁布了《中小学教师信息技术应用能力标准（试行）》，依据教师教学工作与专业发展的主线，将教师的信息技术应用能力区分为技术素养、计划与准备、组织与管理、评估与诊断、学习与发展五个维度，并分别从这五个维度对教师应用信息技术优化课堂教学、应用信息技术转变教学方式等做出了具体要求。

其次，信息技术教学应用项目促进技术融入教学。2003年，《国务院关于进一步加强农村教育工作的决定》提出：实施农村现代远程教育工程，促进城乡优质教育资源共享，提高农村教育质量和效益。2003—2007年实施的"加强中国西部基础教育能力项目"（简称"CIDA项目"），在中国西部选定的较贫困地区，充分利用远程教学，完善教师继续教育制度，促进基础教育均衡发展。2006年8月，"教师新课程国家远程培训项目"正式启动，依托28个省份的47个县级教师培训机构，以网络为主要手段，推进基础教育新课程改革，提高广大一线教师实施新课程的能力与水平。2006年11月，教育部与英特尔公司合作的"英特尔未来教育基础课程项目"在13个省、自治区的352个县（区）的6000多所学校实施，共培训2万多名教师，大力支持了"农村现代远程教育工程"的实施。2010年，在教育部师范教育司统一部署下的、由中央电教馆组织实施的"国培计划"——教师远程培训项目顺利实施，培训在我国中西部23个省（区、市）和新疆生产建设兵团108个行政县展开，共计培训教师超过23万人。2012年，教育部开展"教学点数字教育资源全覆盖项目"，为农村需保留和恢复的教学点配备数字教育资源接收与播放设备，配送优质数字化资源，组织教学点应用资源开展教学，利用信息技术帮助教学点开好国家课程，提高教学质量，促进义务教育均衡发展。

再次，学校和教师积极尝试信息技术与学科教学整合。在政府大力开展教育信息化项目的同时，信息技术进入课堂教学已经成为教学常态。教育信息化经过若干年的发展已经将技术引进了课堂，如何促进技术与教学深度融合、让技术成为支持有效教学的利器成为政府、学校和教师关注的焦点问题。《中国教育报》于2016年3月4日报道《中关村二小：多校区同步优质均衡》，主要内容为面对多校区办学的难题，信息技术克服空间上的距离，实现不同校区间的统筹管理与同步发展。《中国改革报》于 2016 年 2 月 29 日报道《江苏徐州：让教学改革搭上信息技术"快车"》，主要内容为实施"学讲计划"借力信息化的课堂教学模式改革，打造"彭城课堂"驱动泛在化的学习方式变革，依托"云教育"开辟教师专业成长新途径，开展"智能巡课"引领教育管理方式向智慧化转变。

1.4 信息技术应用过程中存在着共性问题

近 20 年来，我国教育信息化取得了较大程度的发展，尤其是信息技术在实现优质资源共享、促进教育公平发展、推动教育现代化、支持教学方式变革、构建终身学习体系、建设学习型社会等方面发挥着重要作用。信息技术教学价值的实现主要反映在课堂教学中及促进学生素质发展上。然而纵观课堂教学中信息技术的应用，发现主要存在着以下若干共性问题。

1.4.1 信息技术教学应用流于形式

在信息技术教学应用过程中，经常呈现出技术流于形式、媒体作秀的现象。焦瑶光（2004）通过对兰州市信息技术与学科教学整合的现状调查发现，不少学科教学中使用技术成为一种时尚，尤其是公开课、示范课一定会大量使用媒体技术，有时甚至仅仅把技术当作"花瓶"，常规教学中又恢复原样。吴娟、余胜泉（2006）指出，信息技术与课程整合的过程中出现了将"整合课"理解为"公开课、评奖课、示范课"的现象，信息技术应用主要是展示用的，而非应用于日常课堂开展教学改革。有学校规定年轻教师必须使用多媒体授课，多媒体授课比率不少于 50%。有些教师使用信息技术存在着盲目性，如数学或物理教学中，利用幻灯片呈现公式推导过程，难以呈现教师的思维过程，这种技术使用不仅不能调动学生的积极性，反而会影响教学效果。齐群、殷日海（2004）研究发现，有些教师一味地追求"高大上的技术"，认为技术含量越高，其教学水平就越高，甚至把课堂教学当成了技术成果展览，其实这种流于形式的信息技术应用偏离了信息技术与课程融合的初衷。有些教师在使用信息技术的过程中，为了"技术"而"技术"。比如，某教师安排了学生"上网查阅资源、作品汇报"等环节，但是相当部分学生在互联网中盲目搜索，犹如"大海捞针"，没有时间对内容进行加工整理，只有简单地复制粘贴，最后的成果汇报草草收场。此类信息技术应用从形式上看很热闹，但学生可能连基本的知识学习都未完成。"流于形式"的技术应用显然难以达到满意的效果。信息技术的教学应用是根据教学情境的需要，选择恰当的技术手段和教学媒体，恰到好处地发挥技术的独特优势。信息技术应用的关键是教师的信息化教学设计能力，而非技术本身。

1.4.2 课堂教学存在技术滥用现象

教学中存在着不少"技术滥用"现象，这种技术滥用难以取得良好的效果。焦瑶光（2004）调查发现，不少教师尤其是青年教师喜欢不加选择地使用多媒体技术，他们认为只有使用技术手段才是现代教育，才是教学改革。比如，在七年级《济南的冬天》的一节观摩课中，教师与学生交流时间不超过10分钟，其他时间基本上是由教师播放课件。这节课师生双向交流少，教学氛围不活跃。大量呈现图片、文字，学生难以在短时间内吸收这些信息，特别是最后播放费翔演唱的《冬天里的一把火》，既占用大量教学时间，又未见教学成效。齐群、殷曰海（2004）研究认为，有些教师在课堂教学中过多地依赖技术手段，也不管课堂内容是否有必要使用信息技术，更不顾信息技术使用是否恰当，而是一味地追求技术的感官效应，教学结果必然事与愿违。在一节"原电池原理"课上，教师直接使用技术手段模拟原电池形成电流的过程，这反而限制了学生的思考，剥夺了学生体验现场实验的机会，对培养学生动手能力极其不利。实验是为了让学生通过观察提高观察能力和操作能力，是培养学生创新思维的重要方式。动画模拟或视频难以呈现"现场实验"的过程感和现场感，无法达到实验教学本身的目的。只有那些具有危险性、不具备实验条件的实验才退而求其次通过模拟实验或录像来代替。

1.4.3 信息技术应用层次普遍偏低

尽管我国教育信息化经历了几十年的发展，但是信息技术应用主要还处于辅助教师的"教导"阶段，不少教师只能简单使用幻灯片呈现教材中的信息，信息技术的其他教学功能被严重遮蔽。杨改学、付道明（2012）研究认为，相当一部分课堂教学虽然已经具有了先进的技术环境，但是由于教师的信息化教学设计能力和信息技术应用能力有限，不能很好地借助媒体资源开展教学，而仅仅利用PPT辅助教师的讲授，把多媒体当作电子黑板来使用；甚至有些幻灯片缺乏合理的设计和布局，整屏都是密密麻麻的文字，并且有些幻灯片的背景和文字还缺乏颜色对比，导致学生看不清楚屏幕上的内容。这种浅层次的技术应用不但不能提高教学效果，而且给学生带来沉重的认知负荷，甚至让学生对信息化教学产生逆反心理。杨莲芳、黄宇星、张雯（2014）通过对福建省中小学教师信息技术应用能力的调查发现，教师应用信息技术的主要功能是呈现教学信息、活跃课堂气氛，仅仅考虑如何方便教师的"学"，而鲜有思考如何促进学生的"学"。显而易见，利用信息技术来呈现教学信息是最容易实现的，对教师的能力要求不高，但是处在信息呈现阶段的技术应用对提高教学效果的作用有限。

1.4.4 信息技术应用缺乏优质资源

信息技术的应用需要优质的资源支持，缺乏优质资源支持犹如"巧妇难为无米之炊"。在现实教学中，我国数字化学习资源建设水平和学习者学习需求之间的矛盾依然突出。一方面，互联网中的数字化学习资源呈爆炸式增长；另一方面，现有的学习资源内容和质量都无法满足学习者的多层次需求。20世纪90年代以来，我国建立了海量的学习资源，如"K12教育资源云""农村中小学现代远程教育资源""国家数字化学习资源中心"等。分析发现，国内学习资源建设存在着若干亟待解决的问题：重视项目评审、轻视内容建设，面向教师需求、忽视学习体验，重视知识呈现、轻视活动设计，重视资源建设、轻视推广应用，教育行政主导、缺乏共建共享。产生上述问题主要有两个根本原因：一是资源建设者对开发什么样的资源认识不清，即基于何种价值目标开发资源，什么样的资源才能满足学习者的需要，资源建设与资源评价依据何种标准。诸如此类问题未能引起足够的重视。二是对数字化学习资源建设缺乏系统考量，即对资源建设、资源服务、资源管理、资源应用、资源评价等未能整体考虑、统筹规划，难以实现共建共享。对于第一个致因可从用户体验的视角寻找资源建设的有效路径，对于第二个致因需要从系统科学、统筹管理的角度寻求资源建设的有效机制。

1.4.5 教师普遍缺乏信息技术能力

信息化教学与传统教学存在着巨大差异，教学理念、教学模式、教学方法、教学评价等都发生了巨大变化，不少教师已经习惯了传统讲授式教学，还不适应信息化教学方式。信息化教学需要教师能够搜集教学资源、加工教学资源、制作教学资源、使用信息设备，但是不少一线教师并不具备这些技能，需要在职业发展过程中不断学习。有些教师基础薄弱，学习动力不足，信息技术能力较低，这严重影响了信息技术应用的效果。叶力汉、白然（2005）研究认为，教师的信息技术能力有限、课件制作水平不高、硬件设备使用不熟、信息化教学设计能力不足等因素严重影响了信息技术与教学融合的有效性。杨莲芳、黄宇星、张雯（2014）调研显示，福建省中小学教师对信息技术知识的了解相对欠缺，超过半数的教师能够掌握Excel、PPT以及搜索引擎等工具，但是对图像处理、音视频、动画、交互课件等软件应用水平较低，教师的教学环境设计能力和教学评价能力相对薄弱。从信息化教学变革的经验来看，中小学教师的信息技能、技术应用能力还比较欠缺，绝大部分教师仅能够使用简单的技术手段，这些问题严重制约了信息技术应用的有效性。

1.5 信息技术应用的有效性研究比较薄弱

第一，信息技术的教学应用需要扎实的理论支撑。虽然教育信息化得到了迅速发展，但是教育技术学科理论研究却一直比较薄弱。"有效教学"是近年来教学领域研究的一种重要理论，在课程与教学论界影响较大，但是还未被教育技术领域学者吸收和接纳。信息技术教学应用缺少有力的理论支撑和理论依据，给信息技术应用有效性研究带来了一定的困难。信息技术教学应用存在着哪些关键问题、教师如何才能有效地使用信息技术、如何评价一项技术在教学中应用的有效性等需要得到教育技术界的理论回应。尽管已有不少研究在积极尝试回应上述问题，但尚未得到满意、系统、成熟的结论。

第二，缺乏适应性强的技术与教学融合策略研究。近年来，关于信息技术与教学有效融合研究一直是基础教育改革研究的热点和焦点。这类研究试图从各个学科乃至课例，通过信息技术应用的模式、原则、策略等方面的探讨，指导教师在学科教学中有效地应用信息技术。但是文献分析发现，这类研究往往局限在某个学科或某个课例上，其适应性与移植性不强。由于缺乏针对不同学科技术有效应用的普遍原则研究，现有研究很难指导一线教师真正有效地将信息技术应用于不同学科、不同类型的课堂教学。

第三，信息技术应用的有效性评价研究深度不够。信息技术教学应用的有效性评价是技术应用不可规避的一个重要问题，但是教育技术领域相关研究并未对此给予足够的重视。"有效性"本来就是一个很难说清楚的问题，要讨论清楚"信息技术教学应用的有效性"就显得更为复杂、更为困难。但是，这并不代表无法对这个问题进行探讨。信息技术教学应用有效性评价不仅可以科学地鉴定、诊断教师的技术应用行为，还可以激励、引导教师有效地使用信息技术，有必要对其进行系统考量。

2

相关概念及理论

2.1 信息技术的内涵与外延

"技术"（technology）一词是希腊语 techne（艺术、技巧）和 logos（言辞、说话）的结合，意味着完美的技艺和演讲。技术是一个历史的、发展的概念。古希腊著名哲学家亚里士多德把技术理解为"制作的智慧"。18世纪，法国思想家狄德罗在他主编的《百科全书》中最先对技术下了一个完整的定义："技术是为某目的而共同协作组成的各种工具和规则体系。"我国《辞海》对技术的解释是，"技术泛指根据生产实践经验和自然科学原理而发展成的各种工艺操作方法与技能。除操作技能外，广义的技术还包括相应的生产工具和其他物质设备，以及生产的工艺过程或作业程序、方法"。教育技术学者基于技术的认识将技术分为两种形态，即有形的物化技术和无形的智能技术。

人们对信息技术的定义因其使用的目的、范围、层次不同而有不同的表述。比如："信息技术就是获取、存储、传递、处理、分析以及让信息标准化的技术。""信息技术是指在计算机和通信技术支持下用以获取、加工、存储、变换、显示和传输文字、数值、图像以及声音等信息，包括提供设备和提供信息服务两大方面的工具与方法的总称。""信息技术是管理、开发和利用信息资源的有关方法、手段与操作程序的总称。""信息技术是指能够扩展人类信息器官功能的一类技术总称。"从广义上讲，信息技术是指信息的获取、整理、加工、存储、传递和利用过程中所采用的一切技术和方法，并且包括物化技术和智能技术。从这个角度来讲，信息技术的发展历程可以概括为5个阶段：第一次信息技术革命是语言的使用，第二次信息技术革命是文字的发明，第三次信息技术革命是印刷的发明，第四次信息技术革命是电报、电话、广播、电视的发明和普及，第五次信息技术革命是电子计算机的普及应用及计算机与现代通信技术的结合。现今所说的信息技术主要是指现代信息技术。现代信息技术是借助以微电子学为基础的计算机技术和电信技术结合而形成的技术手段，是对文字、声音、图形、图像、影像等各种传感信号的信息进行获取、加工、处理、存储、传播和使用的技术。信息技术是可以扩展人的信息功能的技术，通常所说的信息技术主要是指利用电子计算机和现代通信手段实现获取信息、传递信息、存储信息、处理信息、显示信息、分配信息等的相关技术。

2.1.1 信息技术与学科融合

学科教学知识（Pedagogical Content Knowledge，PCK）的概念，是20世纪80年代由美国斯坦福大学 Lee Shulman 教授所提出的有关教师专业知识的相关论述。他指出，学科内容知识与教学方法知识是教师专业知识中最基本的组成元素。在此基础上，美国学者科勒和米什拉在其所发表的文章中对学科教学的内容进行了更深层次的解释说明。在整合技术的学科教学知识的概念中指出，整合技术下的学科教学知识由学科内容知识、教学方法知识和技术知识三个核心要素组成，并交叉融合形成学科教学知识复合元素。研究此领域的学者通过对上述两种概念的深入研究，一致认为教师信息化教学能力是以学科教学知识的整合而体现的。信息化教学在现代具体的教学环境中主要的外化体现，是以整合技术教学知识（TPACK）为根本而形成的。

2.1.2 信息化教学的概念及特征

长期以来，信息化教学的定义一直是学界范围内最具争议的研究话题。张一春教授提出的关于信息化教育的定义在我国该研究领域中得到了普遍认可。他指出，现代化教学理念中关键的理论指导是对信息化教学理论的深刻总结，并通过信息技术的技术理论支持，引导现代教育方法的创新。对该定义进行深入研究分析后发现，整合技术的学科教学知识概念中所包含的基本要素与信息化教学的内涵存在一致性。促进师生共同发展，是提高教学质量的关键所在，应依靠信息化教学与信息技术、现代教学理念、现代教学方法、学科知识的融合，推动教学模式的进一步创新。信息化教学是信息技术融合了现代教学理念、现代教学方法、学科知识，促进教师与学生共同发展的教学。分析讨论后发现，传统教学中信息化教学创新实践，并非局限在信息技术手段的应用，而是在教学过程中，转换教师与学生之间在知识传授中的关系，使其在知识的传授与接收中，通过推动指引与主动接收创造，更好地促进教学进程的发展。此外，教学过程中的知识传导也将通过情景创设、问题探究、协商学习、意义构建等方式引导学生成为教学主体。教师的讲解工作也将通过媒体工具的转换，更好地成为促进学生主动学习、协作式探索、意义建构、解决实际问题的学习工具。学生可以利用此种设备进行资料查询、信息探索、协作学习和会话交流。

  信息化教学的研究主体和研究对象均为教学，主要是为了达到利用先进的技术手段达到信息化教学的目的。对于教师而言，信息化教学意味着在信息化的条件下组织教学，而从社会层面上来讲，信息化教学意味着教学的现代化改革发展，这种信息化教学涵盖了教学组织的方方面面。

  在信息化教学领域中，计算机网络教学是当下学者研究的热点。同时，将信息化教学同教育改革结合而衍生出的立体信息化教学，也成了教育事业走向现代化的必经之路。

2.1.3　计算机网络教学模式

  广义的计算机网络教学模式包括计算机网络教学环境、教学资源以及教学工具和系统等。随着计算机网络在社会上的应用程度越来越高，计算机网络教学作为一种新型、便捷的教育教学手段，是培养教师与时俱进的学习能力，发展学生对现代化信息技术的熟知程度的一种高效的教学模式。在日常教学中插入计算机网络教学方法可以让学生和教师都能够培养创新意识和创新能力，了解和掌握计算机网络的知识和相应的应用能力。但目前的课程在不同的教学内容和实践之间存在着诸如课堂互动性差、教师的教学手段单一等问题，使学生对枯燥的学习方式不感兴趣。信息化教学解决了旧有教学模式所存在的问题，建立了一个新的以计算机网络课程教学为重点，重视培养学生的实践和创新能力的科学合理教学新模式。

"计算机网络"教学是指基于计算机网络环境的教育教学的总和，既包含了 CAI 教学软件、多媒体教学资源，也包含了计算机网络教学的应用模式和互动方法等。计算机网络教学方便了师生进行网络的实时交流和互动，是信息化教学方法的重要组成部分。

2.1.4 "三维"立体信息教学

"三维"立体信息教学与平面化对传统的教育教学相比，突出了教师的主体性。"三维"立体信息教学通过教与学的互动，充分利用现有的教学资源，为整体教学水平的提高而服务。"三维"立体信息教学能够实现人、物、环境三种教学资源的三位一体，能够通过网络这一平台，为教师与学生、学生与社会之间搭建起一个教学资源共享的平台，从而切实提高学习效率；"三维"立体信息教学还能够实现不同种类信息的分类汇总，调动不同部门、不同单位甚至不同行业的资源，为高职院校的课堂教学而服务。立体化信息教学完成了教学过程的立体化和信息化，开启了教学评价方式的多元化先河，将学生、教师、学校、企业、政府等相关人员整合到当前共同的体系中，达到信息化教学评价方式的"三维"立体。

2.2 教育信息技术的内涵

教育信息技术是信息技术的下位概念，特指教育领域中的信息技术。关于教育信息技术内涵，李祺做了比较深入的研究。李祺（2003）认为教育信息技术有如下内涵：第一，教育信息技术是信息技术的一种类型，它具有信息技术的一切特征和教育的属性。在实践过程中，它遵循教育信息的运动规律，同时发挥技术的固有功能。第二，教育信息技术的理论基础是教育学、信息科学、信息论和系统科学理论，它的实践基础是信息资源、信息技术和人的智能。第三，教育信息技术实践以教育信息为核心，以充分开发、利用教育信息追求最佳功效为目的，以恰当运用先进科学技术为关键，在实践中求得发展，在发展中提高其地位和作用。第四，教育信息技术理论与实践强调教育信息及其技术的共同作用，强调教育信息化的发展；教育信息技术是实现教育信息功能的方法和手段，是解决教育中有关问题的系统方法。第五，教育信息技术跟广义的信息技术一样，是由多种技术组成的技术系统。其实，教育信息技术是运用教育科学、信息科学的原理与方法，获取、处理、传播、控制和使用教育信息的一切方法与手段的总称，也可以说教育信息技术是人类在教育活动中所运用的一切信息技术手段和方法的总和。

2.3　教育技术之内涵演变

直观来讲，教育技术就是"教育中的技术"，是指人类在教育活动中所采取的一切技术手段和方法的总和，基本等同于教育信息技术。从狭义上来说，教育技术是指在教学过程中所应用的技术手段和技术方法。有学者将两种类型的教育技术分别称为"媒体技术"和"系统技术"，还有学者称之为"教学媒体开发技术"和"教学过程设计技术"。

1994年，美国教育传播与技术协会（AECT）在出版的《教育技术：领域的定义和范畴》一书中给"教育技术"下了明确的定义：教育技术是为了促进学习，关于学习过程和学习资源的设计、开发、利用、管理和评价的理论与实践。AECT协会于2005年5月发表了新的教育技术定义：教育技术是通过创造、使用和管理适当的技术性的过程和资源，以促进学习和提高绩效的研究与符合伦理道德的实践。AECT2005教育技术定义，把原来的"for learning"改为"facilitating learning"，即从"为了学习"改为"促进学习"，这不仅强调"学"，也重视"教"。将原来的"学习过程和学习资源"改为"用来促进学习和提高绩效的、有合适技术的过程和资源"，此处的"过程和资源"是指伴随有合适技术的教育过程与教育资源；新定义增加有关"绩效"的考虑，表明通过培训来提高企业绩效也是教育技术的研究与应用领域。因此，有些学校的教育技术学专业本科人才培养规格指向了企业培训，如华中师范大学教育技术学（非师范专业）、中国海洋大学教育技术学专业等。

教育技术是通过设计、开发、利用、管理和评价恰当的教育过程和教育资源，增强学习效果和提高教学绩效的理论与实践。从这个角度来看，教育技术等同于教育信息技术，教育技术界大量的学者赞成将"教育技术"改为"教育信息技术"，如李运林教授就非常支持。当然也有不少学者认为"教育技术"不等于"教育信息技术"，何克抗教授就坚持反对将"教育技术"改名为"教育信息技术"。不管教育技术界如何争论，我们可以将"教育技术"约等于"教育信息技术"，教学中应用的信息技术是"教育技术"的一部分。

2.4 教学信息技术的含义

本书中的信息技术主要是"教学信息技术"，即课堂教学中使用的信息技术，它包括教师教导活动中和学生学习活动中所运用的信息技术总和。也就是说，教学信息技术是指教师在教导活动和学生在学习活动中所运用的一切信息技术手段和方法的总和。理解"教学信息技术"与"教育信息技术"两个概念的关系，可以从教学和教育的关系入手，教学是践行教育宗旨、实现教育目标的重要途径之一。可见，教学是教育的下位概念，教学信息技术仅仅指教师教导与学生学习过程中所应用的信息技术手段和方法，是教育信息技术的一个重要组成部分。

要想更好地理解"教学信息技术"，有必要了解"教学信息技术"的分类和功能，这可以帮助我们进一步把握教学信息技术的内涵和外延。按照教学信息技术应用阶段可以把教学信息技术划分为教学准备阶段的技术、教学实施阶段的技术和教学评价阶段的技术。教学准备阶段信息技术主要包括利用互联网查找教学资源、制作多媒体课件、教师利用信息资源学习教学方法、技术人员开发教学平台等。教学实施阶段信息技术主要有教师利用多媒体课件授课、课堂上利用问答系统提问、教师利用教学监控系统了解学生学习行为、学生利用web平台进行自主学习、远程教学中学生观看教师授课视频等。教学评价阶段信息技术则主要包括教师利用学习文件夹对学生进行评价、教师利用软件对学生成绩或学习行为数据进行分析、学生在考试系统中进行测试等。

  关于信息技术的教学功能研究，尽管不同研究者的归纳方法不同，但是总体上基本一致。笔者根据已有的相关研究和自身信息化教学实践经验，将信息技术的教学功能概括为七个方面：创设教学情境，激发学习动机；呈现复杂过程，促进自主建构；丰富教学资源，活跃学生思维；实现资源共享，促进师生交互；促进自主学习，支持协作学习；促进课程整合，提高信息素养；支持即时评价，改进教学过程。另外，从信息技术的服务对象角度来看，信息技术的教学功能包括教导工具、认知工具、学习资源。信息技术作为教师的教导工具，即技术支持教师的教导，主要表现在支持信息化教学设计、呈现课堂教学信息、支持教学评价、促进教师专业发展等。信息技术作为学生的认知工具促进学生的学习。李克东教授认为信息技术作为学生认知工具主要表现在以下几点：作为课程内容与学习资源的获取工具、作为情境探究和发现学习的工具、作为合作学习和交流讨论的工具、作为知识构建和创作实践的工具、作为自我评测和学习反馈的工具等。信息技术作为学习资源主要表现在：提供教学资料、提供学习支持、创设学习环境等。信息技术作为交互工具主要应用为师生之间、生生之间的人际交往和学生与内容资源之间的互动等。

2.5 信息化教学

  学术界不同的专家、学者对信息化教学的内涵给出了不同的定义。其中，张一春教授的信息化教学定义是受到广泛认可的定义之一：信息化教学是以现代教学理念为指导，以信息技术为支持，以现代教学方法为应用的教学。信息化教学要求观念、组织、内容、模式、技术、评价、环境等一系列因素信息化。从定义中可看出，信息化教学的内涵与TPACK所包含的要素基本吻合。

信息化教学是融合信息技术、现代教学理念、现代教学方法、学科知识，促进师生共同发展的教学方式。可见，信息化教学并不是单一在传统教学上添加信息技术手段的教学方法。

2.6 信息化教学能力

目前，国内学者普遍认为信息化教学能力是教师在从事信息化教学时所展现出来的综合能力，是多种能力的综合体，是教师在信息技术环境下从事教学所需具备的核心能力，也是教师将信息化相关内容落实到教学各个环节的关键性因素。关于信息化教学能力及其具体内涵，国内还没有统一定义，不同学者采用不同的分析方法和理论支撑。近年来，国内学者在前辈的研究基础上对高校教师信息化教学能力内涵进行了丰富的研究与分类。2009年，学者李天龙在《高校青年教师信息化教学能力发展研究》中将高校信息化教学能力分为六种，信息技术与课程整合能力、信息化教学设计、信息化教学实施、信息化教学评价、信息化教学监控能力及信息化教学资源设计与开发能力。同年，王卫军在《教师信息化教学能力研究》中提出信息化教学能力包含信息化教学迁移、融合、交往、评价、协作能力及促进学生信息化学习能力等六种能力。2010年，郭邵青等学者将信息化教学能力定义为教师利用信息与传播技术通过教学设计、教学实施和教学评价等方式促进学生学习方式转变，提高学生在培养信息素养过程中对学习资源和学习环境的综合利用水平。

"信息化教学能力"的界定研究发现，对"信息化教学能力"的定义，国内学者主要分为两种角度：一是从教学本身出发，集合了教学流程中各个阶段所需的能力；二是从师生关系出发，集合了教与学发展中信息传递各阶段的能力。笔者认为无论是在教学过程中所需的教学能力还是促进教与学的能力，都是将信息化教学能力定义在教师具备传统的教学能力基础上。2012年，张艳学者将上述两个观点进行了融合，提出"信息化教学能力"的定义：以促进教师和学生的共同发展为目的，在教学中运用信息与传播技术进行教学设计、教学实施、教学评价及教学反思的过程所需具备的综合能力。该定义的提出弥补了单一角度的缺陷，进一步丰富了"信息化教学能力"的内涵。

2.7 有效性的相关概念

2.7.1 "有效教学"研究中的"有效"

有效教学最初由西方学者于 20 世纪上半叶率先提出，之后它在国内外引起了学术界的广泛关注。中西方不同的研究从不同的角度提出了各自对有效教学的理解。陈晓端教授将自己对"有效教学"的理解归纳为三种取向。第一，目标取向。重点强调的是预期教学目标的达成，也就是判断有效教学的标准是教学目标的达成情况。比如 A. J. Koppi（1997）研究认为，有效教学是教师通过一系列的教学活动促进学生取得高水平成绩的教学。又如，国外学者研究表示，有效教学是指学生在教师的指导下成功地达成预定学习目标的教学。第二，技能取向。重点强调有效教学的前提是教师的有效性。判断有效教学的标准是教师在应对复杂的教学情境时所表现出来的教学技能。第三，成就取向。有效教学是能够提高学生学习成绩的教学。这种取向重点强调学生学习成绩的提高和素质的发展。

陈佑清教授又将国内"有效教学"的理解归纳为四个类别。第一，借用经济学上效率、效益、效果的概念解释有效教学。程红、张天宝（1998）将教学有效性理解为三重意蕴：有效果是指教学活动的结果与预期目标吻合的程度；有效率是指教学所取得的效果与教学过程中师生消耗一切资源成本的比值，即教学产出与教学投入之比；有效益是指教学所实现的结果与社会及个人需求的吻合程度。第二，从"有效"和"教学"两个基本概念出发来界定"有效教学"。比如，崔允漷教授（2001）认为有效教学是指教学过程符合教学规律，并且是有效果、有效益、有效率的教学；这种界定强调有效教学的前提是要符合教学过程的规律。第三，以学生发展为取向界定有效教学。

这种界定强调学生学习结果的实现。高慎英、刘良华（2004）研究认为，凡是能够有效地促进学生的发展，有效地实现预期的教学结果的教学都可以称为"有效教学"。钟启泉教授（2007）研究认为"有效教学"主要是指"那种有助于学生成长的教学"，"促进学生成长"就是衡量教学有效的标准。分析发现，国内外学者在有效教学理解的角度上存在差异。国外学者主要关注教学行为实现的效果问题，即比较关注目标达成，国内学者则关注教学效果、教学效率、教学效益三个要素的统一。比较而言，国内学者对有效教学的理解更为全面、透彻。

笔者非常赞成陈佑清教授关于"有效教学"的梳理。有效教学必须满足两个条件：一是教学必须符合教学规律；二是必须有效果、效率和效益，有效果即实现了预期的教学目标，有效率即教育产出与投入比率较高，有效益指实现的结果与个人及社会对教育的需求相符合。由此可以将有效教学界定为：教师在遵循教学规律的前提下，实现了预期的教学效果、效率和效益的教学。从"有效性"和"有效教学"的分析来看，"教学有效性"与"有效教学"都是强调在符合教学规律和学生发展规律的基础上，教学能够实现预期的"效果""效率"和"效益"，因而在理解上可以将二者等同起来。

2.7.2 有效性与效果、效率、效益

经常在教学研究文献中看到效果、效率、效益等词语，并且这几个词语的涵义比较接近。要科学地理解"信息技术教学应用有效性"的含义，有必要对上述词语进行区分。

2.7.2.1 效果

"效果"一般是指一项活动在一定程度上达到了预期目标。信息技术教学应用"有效果"主要是指信息技术促进学生实现了基本学习目标，包括知识目标、情感目标、基本能力目标；帮助学生达成了发展性目标，包括培养自学能力、发展探究能力、培养合作能力、提高信息素养等。信息技术在优化教学过程、促进教学方式变革、创设学习情境、激发学习兴趣、呈现复杂过程等方面

的功用就是信息技术应用效果的显著体现。

2.7.2.2 效率

效率源自经济学上的概念，主要是一项活动或项目的投入与产出之比。信息技术教学应用的"效率"主要是指信息化环境下教学的效果与师生在课堂教学中投入的时间、精力等资源之间的比值。当教师开始将信息技术应用于课堂教学时，所花费的时间有可能延长，其效率不见得高；但当教师熟练使用技术手段后，所花费的时间精力一般会随技术应用的熟练程度逐渐降低，其效率往往逐渐提高。

2.7.2.3 效益

"效益"的含义比较广，也较为宏观。教学有效益是指教学所实现的结果与社会和个人的教育需求相吻合的程度。刘美凤教授（2010）研究认为信息技术在教学中有效应用的效益主要体现在社会效益上，即通过教师合理地、有效地应用信息技术，让学生在信息化教育环境中成长，有利于学生将来更好地适应社会、融入社会，也更好地满足信息社会对人才规格的需求、对合格公民的要求等。

2.7.2.4 有效性

有效性也可翻译为"效能"，即达到目标的程度，信息技术应用的有效性主要指资源应用后产生的结果。另外，有学者将"有效性"理解为"过程达到所期望结果的程度"。无论哪种理解都可以将"有效性"理解为达到预定目标的程度，它追求的是效果、效率和效益三个维度的结果。效果、效率和效益在教学情境中不一定会同时出现。在特定的教学情境中，教师可能为了提高效果和效益，损失了一些效率；反之，也可能为了追求效率，损失了一些效果或效益。这需要学科教师在技术应用过程中进行合理的选择，达到三者之间的平衡。

2.7.3 有效与无效、高效、低效

"有效"一般是指一种物品或一项活动达到预期结果的程度。"达到预期结果的程度"可能大也可能小,所付出的成本也有大小。当以较低的成本获取较好的预期结果时,我们称之为"有效"或"高效";相反,当以较高的成本获取不理想的预期结果时,我们称之为"低效"或"无效"。当然,"有效""无效""高效""低效"都是相对而言的,"有效"和"高效"意思相近,可以互换。有不少学者对"低效"教学和"无效"教学进行了研究。南京市新课程课堂教学评价表(2002)将"无效教学"界定为:教学评价结果不及格即为"无效";具体描述为:学生处于被动学习状态,教学无趣乏味、课堂氛围沉闷、信息呈现不合理、教学活动缺乏目标等。曾春妹(2012)将"无效教学"界定为:在教学过程中教师的"教"脱离学生的"学",从而导致效率极其低下甚至是零的教学,其结果是学生苦学、厌学,对学生的发展毫无益处。无效教学的现象主要包括无效的提问、无效的技术、无效的情境、无效的训练、无效的指导、无效的合作、无效的评价等。孙亚玲(2004)还提出了"负效"教学,主要是指教学过程对学生的发展带来伤害或负面结果。例如,在某小学四年级"电子书包"实验班的一节语文课上,学生观看平板电脑的时间超过了1/2,这很容易使学生患上"近视眼""结膜炎""干眼症"等生理疾病。再如,某初中语文课上,教师试图让学生开展基于网络的探究学习,由于缺乏引导和监督,自制力较差的学生在机房里上网冲浪,这浪费了学习时间,给班级学风带来了不良影响。

2.8 信息化教学理论基础

2.8.1 多元智能理论

多元智能理论由美国著名心理学家霍华德·加德纳提出。加德纳认为人的智能是指个体在具体情境中解决问题的能力,通常包含语言智能、音乐智能、

空间智能、逻辑智能、运动智能、自然智能、内省智能和人际交往智能。基于多元智能理论，加德纳认为学校教育评估制度应该遵循以下两个基本理念。

一是智能本位评估。加德纳认为最早发明智力测验的人很少关注个体智能发展的多元性，往往以测试个体语言表达及数理逻辑两种智能为主。随着当代心理学认知主义及符号学的发展，这种基于单一智能的学校评估体系逐渐被淘汰。多元智能理论认为，个体以不同的学习方式获得知识及能力的提升，表现出不同的智能特点及智能组合。因此，学校教育应该涵盖多种学习方式，同时教育评估也必须是多元的。对此，美国学者戴维·内热也提出了类似的观点，并在《评估中的多元智能方法》一书中将这种评估称为"智能本位"的评估。

二是情境化评估。加德纳认为，通过非情境化的考试对被评价者进行评估的传统方式扭曲了评估应有的功能。因为这种评估方式往往与课程、教学相分离，评估结果是非情境化、人为控制的产物，难以准确描述被评价者在教学过程中的完整行为，对促进教育者的成长与进步影响甚微。而基于情境的评估能够在充分考虑教师个体差异的前提下，准确记录教师的教学轨迹，并反映其真实的教学水平。

2.8.2 建构主义理论

建构主义理论认为学习评定应基于动态的、持续的、不断呈现学习者进步的学习过程以及教师所采用的教学策略和所创设的学习环境。实施评价的最终目的是保证教师能够依据学生的学习基础和学习需要来进行教学设计，改进教学方法和教学策略，使得学习者在建构性的学习环境中获得持久的进步。就如何进行有效的评价而言，建构主义提出了几条标准。

2.8.2.1 基于知识建构和经验建构

建构主义认为知识是在学生主动参与建构的过程中获得的，获得知识不是学习的最终目标，参与知识建构的过程才是关键。因此，教学评价的重点应该是学习者知识获得过程，而非学习结果。这就要求教学评价应该与教学环境、教学过程挂钩。

2.8.2.2 基于自由的目标

基于自由的学习目标是针对泰勒的目标评价模式提出的。建构主义强调学习是个体建构的过程，而由于个体的差异性，每个人的知识建构过程始终存在不同，因而学习目标也应该是自由的。如果在学习开始之前设立一个学习目标，那么学习过程必然存在某种趋向性，依据此目标对学生进行评价，对大多数人来说，必然是不公平的。因此，不应根据目标来进行评价，而应利用需求评价法去确定目标。评价最重要的准则不是方案应当满足目标的程度，而是方案能满足实际需求的程度。

2.8.2.3 基于意义协商和共享

建构主义认为学习者通过在内容丰富的情境中的对话与合作，通过对各自的协商，达到对新知识的建构与共享。在真实的课堂教学情境中，许多工作是以团队的形式完成的，这样就需要对学习小组内部成员的贡献进行评价，即要重视对学习共同体的评价。

2.8.3 后现代主义课程理论

20世纪60年代后期，建筑领域中广泛应用的后现代主义理论课程，是用来描述区别于以往构建风格的基础理论课程。随着信息技术在社会发展中的主导性地位的实现，人们逐渐认识到后现代主义课程理论对教育领域中的深刻影响。后现代主义课程理论所代表的具有进步意义的指导思想，解决了现代主义课程中封闭、简单、累积等问题，并充分强调其自身理论的开放性、变革性与复杂性对教育教学的指导意义。高职院校信息化教学建设对后现代主义课程理论的应用，是对课程建设创新过程中单一性、封闭性的具体推翻的过程：不同思想意识的产生是建立在对不同事物的不同理解与不同立场上的充分思考。所以，后现代课程理论在高职教育信息化教学建设中的根本作用体现在对多样性学生群体的整体把握上，学校应以开放性的知识组织形式与指导思想，满足不同学生群体的实际需求，引导学生更好地参与教学实践的全过程。

2.8.4 知识管理理论

知识经济时代的快速发展推动了知识管理理论的形成和发展。知识管理理论的具体实践是通过对现代化技术工具的具体应用，将信息化教育领域中的知识、经验与智慧进行系统的处理归类，并通过现代化网络技术环境，传播、共享具有实践价值的知识理论。知识管理理论是一项具体的知识管理系统理论，根据其所具备的功能可分为显性知识管理与隐性知识管理两种管理形式。具体表现在对于知识的表达中，显性知识是对知识明确而系统的表达形式，而隐性知识则是根据其字面意义上的隐性解释，通过演示说明来表达语言无法解释的知识。技能学习是高职教育教学过程中的关键环节。领悟与练习是技能教学过程中重要的教学方式，是语言文本无法替代的实验教学。而当前环境中的教学研究对于隐性知识的"显性化"研究，是传统教学实验过程中对于技能学习的实践引导与理论指导的有机结合，其根本目的是推动隐性知识的发展与传承。高职院校的教学目标是通过对学生动手实践能力的培养，使其成为符合社会发展需要的应用型技能人才。实践教学对学生技能掌握的要求较高，学校必须增加技能学习的课程设置。所以，最大限度地将技能性、隐性知识显性化研究，已经成为高职院校教学课程建设研究工作中的重点研究对象。

2.8.5 社会学习理论

社会学习是由社会学习理论家班杜拉在其动机理论中论述并提出的。社会学习理论认为，人的行为受行为的先行因素和结果因素引导，展开来说，就是在学习过程中不经过强化也能获得相关有效信息，从而促使形成有效可适应性行为。与此同时，强化训练起到的作用是激发和持续人的行为动机，以此控制和调节人的行为。

信息化教学在高职院校教学中的运用，就是通过强化和未强化两种方式促进学生改变学习方式、改变获取知识方式的行为，从而使学生的学习兴趣得以提高，学生的知识领域得以拓展，学生的学习效率得以提升。社会学习理论能够解决高职院校传统教学中出现的诸多问题，使信息化教学的实施及运用发挥最大作用，扬长避短，帮助教师改变陈旧的教学方法，达到较好的教学效果。

2.8.6 教师专业发展理论

2.8.6.1 教师专业发展理论本体分析

教师是世界上专业化程度最高的工作领域之一，并非有了学问就可胜任。教师职业的专门性主要体现在教学方法方面。因此，"教什么"和"怎么教"都是真问题，不可将二者对立起来。作为一名教师，既要有得教，又要教得好。教师的教学实践除了教学内容的逻辑之外，还存在着另一个逻辑，即教学方法逻辑。只有两个逻辑和谐一致，教学过程才能为师生带来美好的心灵体验，学生才可获得学习的享受。

教师专业发展研究始于 20 世纪 60 年代的美国，兴盛于七八十年代的欧美，我国对教师专业化的研究起步于 20 世纪 90 年代后。1966 年，《关于教师地位的建议》首次以官方文件的形式对教师专业化做了界定，"教育工作应被视为一种专业，这种专业需要教师经过严格且持续不断的研究才能获得并维持专业知识和专业技能"。教师专业发展是多阶段的连续过程，是不断接受新知识、增长专业能力的过程。

教师专业发展的内涵界定同其价值取向相关联。教师专业发展的价值取向不同，其内涵也有不同，具体可以将教师的专业发展价值取向聚焦于三个具体的发展统整。

2.8.6.2 信息技术与教师专业发展

21 世纪是信息化时代，以互联网、大数据、云计算和物联网技术为核心的现代信息技术的不断发展，改变着人们的生产方式、生活方式、工作方式和学习方式，给教师的专业发展带来了机遇和挑战。一方面，信息技术成了面向信息化时代的教师专业发展的必然要求和重要内容之一。信息技术被赋予其他教育方式不可替代的优势作用，如运用信息技术可以充分调动学生的情感，激发学习兴趣和动机。信息技术能更广泛地拓展学生积极思维的空间，培养创新精神；信息技术有益于优化教学结构，人们甚至期许信息技术能给教育带来革命性影响等。面对着技术改革教育的使命和期待，教师的信息技术应用能力成了教师专业发展不可分割的重要内容。另一方面，信息技术以其自身特性优势成为促进教师专业发展的有力工具、实践与反思的利器、交流与协作的平台。利用信息技术手段有利于促进教师个体的专业能力提升，能够通过各种网络支持工具，实现教师群体的专业发展。

教师信息技术应用能力是教师恰当地运用信息技术对教学过程和教学资源设计、开发、实施、管理和评价的能力，是以提高教学质量与效率为目的，开展教学改革与创新的新型教学能力。教师信息技术应用能力是信息化环境下教师从事教育教学活动的核心能力，是信息化社会教师必备的专业能力。

2.8.6.3 区域内群体性的教师专业发展

在教师信息技术应用能力均衡发展的视角下，一方面是作为教师专业发展能力之一的教师信息技术应用能力的发展问题，另一方面是作为教育均衡领域的教师信息技术应用能力的均衡问题，是两个研究问题及领域的融合。对教师专业发展相关理论的研究启发了笔者对教师信息技术应用能力均衡发展内涵的更清晰认识，同时将研究的关注点从关注教师个体的发展更多地转向关注区域内教师群体的共同发展，为均衡路径的提出提供了理论指导。

2.8.7 教育信息化理论

2.8.7.1 教育信息化理论本体分析

教育信息化是将信息技术作为教育系统的一种基本构成要素，并在教育各个领域广泛地利用信息技术促进教育现代化的过程，它是一个关系到教育改革和教育现代化的系统工程。

教育信息化最早出现在西方发达国家，20世纪90年代中期之后，逐渐成为全球各国教育关注的热点和重点。随着以信息技术为主要标志的科学技术的迅猛发展，以知识和信息的产生、传播及应用为基础的知识经济将占世界经济发展的主导地位。国家的综合国力和国际竞争力越来越取决于教育发展、科技进步和知识创新。教育在经济和社会发展过程中将呈现出越来越突出的作用。传统的教育越来越不适应社会和经济的发展，如公平问题、均衡发展问题、终身学习体系构建、学习型社会建设等各种因科技迅猛发展与人口增长而引起的教育要求与国际竞争社会问题等。在此背景下进行教育综合改革和教育信息化建设已成为21世纪知识经济时代发展的客观趋势和必然选择。随着国家信息化水平成为综合国力的标志，全球各国逐渐认识到，具备高度信息素养的公民才有能力推动国家信息化水平提升。

2.8.7.2 信息技术应用能力成为信息化社会教师必备专业能力

教育信息化时代，教师扮演着更为重要的角色，教师在培养与信息化社会相适应的人才的同时，还要将信息技术与教育教学实际有效地结合在一起，这就需要教师对传统的教育观念进行转变和革新，不断提高自己的信息技术运用水平，吸收新的教学理论与教学经验，学会运用新的教学方法。教师的信息技术应用能力成为信息化社会教师必备的专业能力。

2.8.8 可持续发展理论

2.8.8.1 可持续发展理论本体分析

1972年，联合国人类环境会议在斯德哥尔摩举行，环境问题受到了人们越来越多的重视。20世纪80年代提出的"可持续发展"概念是对人们不断增长认识的回应，即需要平衡社会和经济的进步，关注环境并合理利用自然资源。1987年，世界环境与发展委员会在题为《我们共同的未来》的报告中，阐述了"可持续发展"的概念。报告指出可持续发展就是要在"不损害未来一代需求的前提下，满足当前一代人的需求"。在"可持续发展"的社会观中，人是可持续发展实践活动的核心，是社会可持续发展的对象和目的。环境保护的可持续发展已不仅仅局限于经济学和环境学的范畴，已成为一种得到国际社会广泛认同的全新发展观念。

可持续发展教育源于可持续发展运动。1988年，联合国教科文组织从环境教育的目标、性质、任务、内容等方面重新进行整合，提出了"可持续发展教育"，这是联合国教科文组织针对"可持续发展教育"思想的早期倡议。可持续性发展是指各要素之间整体性协调发展，即发展态势上的延续性和发展质量上的健康性。

2.8.8.2 教师信息技术应用能力均衡发展的可持续性分析

教师信息技术应用能力均衡发展的可持续性是可持续发展思想在教师专业发展及教育均衡发展领域的体现和应用，是一种全新的、健康的、和谐的发展观，也是均衡发展的迫切需求。在可持续发展观视野下思索教师信息技术应用能力的均衡发展问题是与可持续发展的公平性、持续性、共同性等基本原则相一致的。教师信息技术应用能力的均衡发展是教师个体和教师群体共同发展的融合。

人的发展的可持续性主要表现在队伍数量充足、质量不断提高、知识水平及时更新等方面。具体而言，其内涵包括整体协调性、可持续性、生态性、动态性以及人本性等。教师信息技术应用能力的均衡发展是一个持续不断的循序渐进的动态过程，贯穿于教育发展的始终，贯穿于教师的整个职业生涯。为了突破教师信息技术应用能力均衡发展进程中面临的困境，需要立足于可持续的发展战略理论和实践，无论是教师个体还是教师群体都需要在社会、政治、经济、文化这一宏观的背景下审视教师信息技术应用能力的地位和作用，分析均衡发展推进过程中各个要素之间的互动关系，构建信息技术与人的发展之间的合理样态，以推进教师信息技术应用能力的持续、健康、稳定的发展。

2.8.9 教育均衡发展理论

2.8.9.1 教育均衡理论本体分析

（1）内涵。教育均衡发展既是一个理想目标，也是一个实践过程。从社会学角度看，教育均衡发展是实现基础教育公平的必需手段，也是实现社会公平和正义的重要途径。从经济学角度看，教育均衡其实质就是教育资源分配的均衡。对于教育均衡发展内涵的理解和认识，笔者在综合整理有关教育均衡发展的内涵观点后，形成了教育均衡内涵的理解框架。

时间—空间结构。从时间结构上讲，教育均衡主要是指受教育者在教育起点、教育过程、教育结果方面的均衡，即入学权利和机会的平等、教育资源均衡和教育质量的均衡。从空间结构上讲，教育均衡发展是不同区域之间、城乡之间、学校之间、群体之间的教育均衡发展问题。因此，教育均衡发展要在"时间—空间"结构上对所有受教育者的教育资源和条件进行保障，这些资源和条件可以促进受教育者群体的发展和成长。

均衡对象与要素维度。从均衡对象与要素维度上讲，教育均衡主要表现为"八大均衡"，即教育机会和教育权利均衡；不同类别、不同级别教育间均衡发展；受教育者间均衡发展；城乡间均衡发展；区域内均衡发展；校际间均衡发展；教育质量均衡发展；教育结果在学校教育中和受教育者间均衡发展。

从宏观—中观—微观维度。从宏观—中观—微观上讲，教育均衡主要从非均衡的责任主体考量。在宏观层次上，指教育方针、教育政策、法律法规等对义务教育均衡发展的要求；在中观层次上，指区域内的均衡、城乡间的均衡、校际（包括各类教育之间）间的均衡、群体间的均衡等；在微观层次上，义务教育非均衡发展是由校际间非均衡发展导致的，主要体现在内在的教育质量和教育效果的差异。

（2）发展的阶段。教育均衡发展是一个历史范畴，如果把均衡的实现程度作为阶段的分类依据，可以将教育均衡发展分为权利平等、资源均衡和优质均衡三个阶段，分别体现教育起点公平、教育过程公平和教育结果公平。

低水平均衡阶段：以追求入学权利和教育机会的均等为主要目标，体现在每个受教育者都能享受教育的权利和均等的教育机会。

初级均衡阶段：以追求教育过程和教育条件的均等为主要目标，追求教育资源合理配置，体现在每个受教育者教育过程和教育条件的公平。

高水平均衡阶段：以追求教育质量的均衡为主要目标，即以人的培养和发展为目标，充分尊重学生的差异和个性，让每个学生充分发挥自己的特长和学习潜能，体现在每个受教育者在教育质量上的均衡。

2.8.9.2 教育均衡发展视角下的师资均衡

（1）师资均衡配置与师资均衡发展。

①师资均衡配置。"配置"是一个经济学术语，指的是将有限的资源在不同个体或者群体之间按照一定的比例进行分配，并使资源得到最充分、最有效的使用。资源配置主要有三种途径，一是行政性配置，二是市场性配置，三是行政计划与市场相结合的综合性配置。我国的人力资源配置方式目前大多采用行政性配置，即在政府的规划下，通过行政部门的安排，进行有组织的调配、分流和重组，这是一种计划指令性质的人员配置方式。伴随经济的发展和城市的开放，人力资源的市场性配置方式越来越普遍，它是通过市场进行的人力资源自动配置方式。在人力资源市场化配置的作用下，更多的人能够在充分选择的基础上实现自主择业和双向选择，有利于提高人力资源配置效果。

师资均衡配置是配置主体根据义务教育均衡发展的需要对师资的合理分配与安置，旨在保障每所义务教育学校都能拥有最合理的教师队伍，从而促进其义务教育水平的不断提升。

师资配置的均衡状态可以从三个方面进行衡量，分别是教师的数量、教师的素质以及教师队伍的结构。其中的教师素质，从长期可持续发展角度审视，通过配置手段往往难以达到理想效果。

②师资均衡发展。相对于师资的均衡配置，师资均衡发展更加强调以发展促均衡。均衡发展不仅仅依靠外部追加或者资源转移的投入方式来实现，"削峰填谷"式的均衡也不是真正的均衡，应该是一种动态的、持续性的内涵性均衡发展新思路。因此，相对于依靠追加教育资源投入的外延式发展而言，内涵发展强调的是依靠自身的力量，依靠学校发挥主观能动性，充分挖掘现有资源的最大潜力，改革教育过程，使受教育者在投入总量既定的前提下，获得最大限度的公平与平等。

师资均衡中的配置问题体现在教师的静态特征上，教师的职称、学历、学科结构等成为评定师资均衡配置的方面。师资均衡中的发展问题体现为教师的动态特征，如教师培训、教师流动和教师专业发展等。因此，师资均衡发展既包括教师队伍在数量和结构上的合理性，又包括教师自身年龄和性别结构、职称结构、学历结构、师资培训等方面均衡发展分布。

（2）师资均衡发展的内涵。师资均衡发展是教育均衡在资源均衡配置角度的延伸和体现，是教育均衡发展的核心，是教育优质均衡发展的关键。师资均衡发展既是一种理想的发展状态，也是现实的阶段性目标和发展方式。师资均衡发展是一个历史范畴，随着时代的进步，其内涵也相应地发生着变化。师资均衡发展的目标从个体看，是为更多的学生提供更加适合的教师资源；从学校看，是为学校提供数量均衡、结构合理、质量优良的教师队伍；从教育均衡看，是为实现最终强调"结果均衡"的高位均衡提供可能。相比于师资的均衡配置，师资的均衡发展内涵更为深入，更应该从动态、长期、可持续发展的角度讨论问题。

师资均衡发展是两层含义的综合，一个是师资发展（共时态特征），一个是均衡发展。师资发展主要体现在某一区域范围内教师整体在数量、结构及质量方面的进步与提升；而均衡发展是一种发展状态，即事物总是以一种稳定、协调、有序的状态发展。这种发展一般表现为两种形式，一是要求事物在空间上的均衡发展，主要反映的是师资在校际之间、城乡之间、区域之间等空间范围内可以获得整体、协调、适合、比例关系适度的发展；二是要求事物在时间上的均衡发展（历时态特征），即入职前的师范生教育，入职时的首次聘用和入职教育，入职后的继续教育。

①师资发展的维度（内容维度）。该维度共时态特征体现为教师整体在数量、结构及质量方面的进步与提升。学校之间师资发展的差异表现在众多方面，概括来说，数量、质量以及结构是衡量师资发展是否均衡的三个基本范畴。其中的教师质量是最难以衡量的。以往的研究都是从教师的学历、资历、职称等判断指标间接、大致地反映师资质量，虽然能在某种程度上反映师资的质量水平，但是还是不够直接、具体与客观。

②师资均衡的维度（时间—空间维度）。从空间维度看，师资均衡发展是

指区域间（省域、市域、县域、乡域间）、区域内（城乡间、校际间、群体间）等空间范围内师资发展水平整体、协调、比例关系适度的发展。

从时间维度看其历时态特征。师资均衡发展的动态均衡可以理解为在贯穿教师队伍建设全过程的任用、培训与流动环节中，师资均衡在随时间推移而调整变化时所处的均衡状态，具体包括教师入职前的师范生教育，入职时的教师的首次聘用与入职教育，教师入职后的聘任期间的能力再提升的培训、继续教育以及结构调整等流动环节。

（3）师资均衡发展的阶段。如果按照均衡的对象要素和层次要素划分，师资均衡发展阶段可划分为结构性均衡和内涵性均衡两个不同的发展阶段，分别体现着起点均衡、过程均衡和结果均衡。

①结构性均衡阶段。这一阶段以追求师资在数量及结构上的均衡为主要目标。数量上的均衡主要体现在每个学校的师资数量、师生比及班师比等指标都能达到相应时期的国家标准；结构上的均衡主要体现在师资在学历学位结构、学缘结构、年龄结构、性别结构、知识结构、职称结构、学科结构等结构的合理性。

②内涵性均衡阶段。这一阶段以结构性均衡的实现为基础，以追求师资的内涵建设为主，即以师资质量的均衡为主要目标。以职业道德、专业水平、专业发展及课堂教学为表征的教师质量，共同形成了教师在质量层面均衡的指标维度，其中课堂教学是其他三个方面的教师质量的集中体现，好比冰山一角，是教师在职业道德、专业水平与专业发展的积淀下所呈现出来的课堂的教学效果。

2.8.9.3 教育均衡、师资均衡与教师信息技术应用能力均衡发展的关系

教育均衡是社会环境下的一个综合概念，它是实现教育公平的基石，是实现教育公平的途径和方法。教育均衡更多体现的是教育资源分配的均衡，包括社会总资源对教育的分配，也包括教育资源在各级各类教育间、各级各类学校间、各地区间的分配。在众多的教育资源中，教师资源是发展教育事业的第一资源，因为人力资源是发展任何事业的第一资源。相对于校舍、校园基础设施

等教学硬件，师资无疑对于义务教育均衡发展有着更突出的作用。因此，作为教育均衡下位概念的师资均衡是教育均衡在资源均衡配置角度的延伸和体现，是教育优质均衡在结果均衡角度的核心与保障。师资的均衡发展具体包含数量、结构与质量三个方面的均衡，其中师资质量良莠不齐且分布不均衡是师资均衡发展的突出问题。教师信息技术应用能力是教师面向信息化发展的必备能力，同时也是教师在课堂上应用信息技术优化课堂教学效果、转变学生学习方式及培养学生核心素养效果的核心基础，是教师亟须提升且需要整体均衡发展的重要能力之一。同时，教师信息技术应用能力的均衡发展将能够以点带面，从微观、内在的角度反过来助力并拉动师资均衡发展，并进一步推动教育均衡发展。

3

信息技术教学应用有效性的界定

信息技术的应用是为了促进有效教学的发生，两者的关系可以看作信息技术应用的有效性是有效教学发生的条件。界定信息技术教学应用的有效性，应该着眼于教学的有效性，考量技术促进教学有效性的程度。因此，考察信息技术应用的有效性，有必要先梳理有效教学的评价标准及信息技术教学应用有效性的已有研究。

3.1 关于有效教学的评价标准研究

3.1.1 美国 CREDE "有效教学"标准

美国"教育多元化与卓越化研究中心"（CREDE）在广泛的实证研究基础上，以提高所有学生学业成就为目标，提出了"有效教学"的五项标准，并建立了有效教学的评价量表及课堂观察表等工具。研究表明，在课堂上使用该标准对提高学生学习成绩有明显促进作用。五项标准的具体内容是创造性活动、语言和文化素质发展、情境化、复杂思维、教学对话，下面分别介绍。

标准1：师生共同参与创造，以促进学生的学习。

标准2：语言发展——发展学生的语言能力，提高学生的文化素质。

标准3：学习情境化——在教学与学生的真实生活之间建立联系，以此生成学习的内在意义。

标准4：挑战性活动——培养学生的高阶思维，通过思辨、反思发展学生的认知策略。

标准 5：教学对话——通过平等的互动会话开展教学。

孟琦基于"有效教学五项标准"将有效教学定义为在掌握基本技能的基础上，培养学生的创造性思维和复杂思维，强调教学活动的情境化，重视学习共同体之间的合作交流。

3.1.2 五星教学标准

"五星教学原理"是美国著名教育技术领域专家和教育心理学家梅瑞尔教授倡导的教学理论，用以改进在线教学、多媒体教学中只重视信息呈现、忽略有效教学特征的问题。梅瑞尔通过对多种教学设计理论与模式的分析，提出了"五星教学模式"。梅瑞尔认为最有效的学习是"以问题为中心"，并且把学生置于"激活原有知识""展示论证新知""尝试应用练习"和"融会贯通掌握"四个环节之中。"五星教学标准"是依据 5 个主要素和 15 个次教学要素进行评估的"有效教学"标准，其中 5 个主要素为聚焦解决问题、激活原有知识、展示论证新知、尝试应用练习、融会贯通掌握。

原理一：聚焦解决问题——教学内容在问题情境中呈现

主要包括以下 3 个标准。

标准①：交待学习任务——向学生呈现一个单元或一节课后需要完成的任务或解决的问题。

标准②：安排完整任务——学生不仅仅停留在操作水平上，而且能够解决问题或完成任务。

标准③：形成系列任务——教学涉及一系列逐渐深化的问题，而不是一个简单的问题。

原理二：激活原有知识——教学尽力激活先前的相关知识与经验

主要包括以下 3 个标准。

标准①：回忆原有经验——引导学生回忆、描述或应用已有的经验，使其成为新学习内容的基础。

标准②：提供新的经验——提供新知识学习所必需的相关经验。

标准③：明晰知识结构——若学生已经知道了这些内容，为他们提供展示已经掌握的知识与技能的机会。

原理三：展示论证新知——不仅呈现要学习的内容，而且进行实际举例

主要包括以下3个标准。

标准①：紧扣目标施教——展示论证与教学内容一致，尽量展示正例和反例，对过程做形象的说明，提供必要的行为示范。

标准②：提供学习指导——引导学生关注相关内容信息，采用多样化的信息呈现手段，对展示的多种结果或过程进行比较。

标准③：善用媒体促进——所采用的媒体与学习内容相关，并可促进学习。

原理四：尝试应用练习——给予学生尝试应用或练习刚学习知识或技能的机会

主要包括以下3个标准。

标准①：紧扣目标操练——应用或测验与教学目标一致。

标准②：逐渐放手操练——要求学生使用新的知识或者技能解决一系列变式问题，对学生的学业行为及时反馈。

标准③：变式问题操练——学生在遇到困难时给予帮助或指导，帮助或指导随着教学的深化而逐步减少。

原理五：融会贯通掌握——促进学生把新的知识和技能应用到日常生活中

主要包括以下3个标准。

标准①：实际表现业绩——为学生提供展示新知识与新技能的机会。

标准②：反思完善提高——为学生提供对新知识、新技能反思、讨论的机会。

标准③：灵活创造运用——为学生提供创造、发明或探索创新应用新知识和新技能的机会。

3.1.3 促进有效教学的五种关键行为

在20世纪七八十年代，国外研究者通过课堂观察、调查研究等方法研究了有效的教师行为，其中五种对有效教学至关重要的教学行为被称为"促进有效教学的五种关键行为"。

行为一：清晰授课——语言清晰，内容清晰，目标清晰，指令清晰。

行为二：多样化教学——情境多样；内容呈现与表达方式多样；教学内容多样；学习方法多样。

行为三：任务导向——用特定的时间学习特定的内容，完成特定的任务，达到特定的效果。

行为四：引导学生投入学习的程度——引导学生投入更多的时间，让时间变得更加有效。

行为五：高成功率——学生理解任务，只是偶尔因粗心而犯错。

3.1.4 课堂教学有效性标准

孙亚玲在梳理国内外"有效教学"评价框架的基础上，结合运用课堂观察、问卷调查等方法制定了"课堂教学有效性标准"。该评价标准的一级评价指标有5项，即教学目标、教学活动、教学能力、教学反馈、教学组织与管理。陈佑清教授认为这个标准存在的一个最大问题是它没有对有效教学的主要变量进行层次区分，而将影响教学行为的背景变量（教学目标），同教学行为本身（教学活动、教学反馈、教学组织与管理）以及反映教学行为水平的变量（教学能力）并列在一起理解。教学目标应合理地体现在教学行为之中，教师教学能力的高低也主要通过教学行为反映，我们无法脱离对教师课堂教学行为的观察去判断教师教学能力的高低。因此，不宜将这些不同类型或层面的变量并列在一起作为有效教学的评价指标。

尽管以上评价标准存在着一些缺陷，但是已有的"有效教学评价标准"为本研究奠定了基础，尤其是美国CREDE"有效教学"标准、五星教学标准、促进有效教学的五种关键行为等理论为本研究提供了很好的借鉴。

3.2 信息技术教学应用有效性的相关研究

国内已经有一些研究者对信息技术教学应用的有效性进行了概念界定或内

涵解读。孟琦将技术应用于教学的有效性界定为在教学中恰当地运用各种数字化资源提高教学的有效性，创设有助于学习的环境，以尽可能少的教学投入达到预期的教学效果，在完成教学目标的基础上更好地培养学生适应信息化社会的各种能力，最大限度地适应每个学生的学习要求，其中有效性指既有效率、效果，又有效益。孟琦基于对有效教学内涵的解读，将信息化教学的有效性界定为在信息技术支持下的有效教学，即以教学目标的实现为根本目的，考查信息技术在具体教学情境中的有效性，即效果、效率和效益。他认为可从两个方面对技术应用的有效性进行考察，第一方面从教学过程考查信息技术应用的适宜性，信息技术是否发挥了自身优势与价值，第二方面从整体教学考查技术应用带来了什么样的教学效果，这种效果是否符合预期的教学目的。同时，孟琦从"教学目的、教学情境、信息技术、教学过程、教学效果"五个维度提出了信息化教学有效性的分析模型。北京师范大学刘美凤教授将信息技术在教育中的有效应用界定为有效果、有效率和有效益。"有效果"是指信息技术的应用达到预期目标的程度，即如果信息技术的应用能够有效地促进学生的发展，那么信息技术的应用就是有效果的。学生成长有两个方面，一方面是技术帮助学生达到基本教学目标的情况，另一方面是技术促进学生达到发展性目标的情况，即培养学生自我发展能力和终身学习能力，促进学生信息素养的提高，适应信息化社会发展的能力等。"有效率"指在信息技术的应用达到教学效果的基础上，是否缩短了时间、节约了投入。"有效益"则主要体现在长期效益方面，即教师在课堂中通过恰当地应用信息技术手段，促进学生的社会化成长，帮助学生更好地适应信息化社会。

袁小红借鉴余文森的有效教学的主要观点，参考美国对课堂教学有效性评估的五条标准，结合信息化教学的特定环境，从学习时间（学完规定内容所花时间）、学习效果（成绩提高情况、能力提升情况）、学习体验（学习过程中心理感受和体验）、学习发展（学生和教师获得的持久发展能力）四个维度构建了"信息化课堂教学有效性标准"。田建林按照学生发展的基本规律，从认知、情感和行为三个方面对信息技术进入教学的有效性进行了讨论。将信息技术教学应用的有效性定义为教师为达到一定的教学目标，恰当地运用信息技术，创设有助于教学的学习环境，促使学生在认知、情感、行为三方面实现学习效果的最优化，进而使学生能力得到发展的有效过程与方法。其中，认知方面是指通过信息技术创设的教学情境有利于学生对知识的回忆和迁移；情感方面是指学生在信息化教学中的学习满意度得到提升；行为方面是指信息技术提供强大的学习支持，使教学结构发生变化、师生关系融洽、课堂互动加深等。

胡晓玲基于对有效教学内涵的分析和对已有的"信息化教学有效性界定"的梳理，认为"有效的信息化教学"是在信息技术环境支撑下的有效教学，即在信息化教学活动中，创设符合教学要求的信息化情境，从而在效果、效益和效率三个方面达到教学目标的要求，并能采取有效的评价方式开展教学评价。刘斌认为有效的信息化教学要从封闭的主体二元对立关系走向互动对话的交互主体性教学，追求人的发展是信息化教学有效性的核心价值诉求。刘斌还提出了提升信息化教学有效性的理念和路径，即生态的信息化教学观、学教并重的交互主体性教学模式、动态开放的发展性教学评价。

3.3　信息技术教学应用有效性的概念界定

通过分析发现，除刘美凤教授的研究外，仍有研究对"信息技术教学应用"的概念进行了界定，并沿用了"有效教学"的分析框架，考查了信息化课堂教学实现预期教学目标的"效果""效率"和"效益"。虽然这种研究方式对提高信息技术教学应用的有效性有一定的价值，但是有两个缺陷。第一，一起探讨信息技术应用与有效教学，难以阐述技术应用的真实有效性。由于影响教学有效性的因素是多方面的，除受信息技术应用的影响外，还受教学观念、教学设计、教学准备、教师素养、学生能力等因素的制约。因此，笼统地考查信息化课堂教学的有效性，难以说明信息技术应用有效性与教学有效性之间的关系，即难以确定教学有效是由信息技术应用引起的，对信息技术应用的指导性不够强。第二，仅从学习结果角度对有效性进行探讨，缺乏对学习过程、学习体验等维度的考查。信息技术应用对学生的影响是多方面的，不仅会影响学习结果，还会影响课堂教学氛围、学生学习动机、学习体验等，这些维度也应纳入有效性内涵之中。第三，缺乏技术应用的伦理关照。当下国内信息技术教学往往只重视信息技术的工具价值，忽视其理性价值，产生了一系列伦理失范现象。因此，信息技术教学应用的"有效性"务必以"伦理性"为前提。

基于以上分析得知，信息技术应用的有效性体现在两个层面上，一是信息技术发挥了自身独特的教学价值，二是信息技术促进了教学的有效性。因此，信息技术应用的有效性可从两个方面考查，即技术应用既符合教学环境对技术功能的要求，同时也符合教学促进学生发展的要求。笔者认为，"信息技术在课堂教学中的有效性"就是指信息技术促进教学的有效性程度，具体指教师在确保信息技术符合技术伦理、教学伦理的基础上，恰当地、合理地应用信息技术，发挥信息技术本身的教学功能和独特优势，在以尽可能少的教学投入达到预期的教学目标的基础上，更好地培养学生适应信息社会的各种素养，同时给学生带来良好的学习体验。

依据信息技术教学应用有效性的涵义，笔者构建了信息技术教学应用有效性的概念模型。"信息技术的有效性"是为了促进"教学的有效性""信息技术的有效性"，最终体现在"教学的有效性"上。依据孟琦、刘美凤、田建林等人的研究，笔者认为信息技术应用的有效性可从"适宜性"和"功效性"进行考查。另外，有实证调查研究发现，信息技术的教学应用具有鲜明的伦理属性，在具体教学情境中应用信息技术可能存在不同类型伦理问题，在研究信息技术教学应用的过程中需要考量技术应用的伦理性。因此，信息技术的有效性还需要考查伦理性。因此，本书将"信息技术的有效性"界定为信息技术应用在符合伦理性的基础上，在特定的教学情境、客观条件下，发挥了技术的独特优势与教学价值，并且能带来较高的教学功效。

如何考查信息技术促进教学的有效性？参照田建林、袁小红、管珏琪等人的相关研究，笔者结合自身信息化教学的经验，从信息技术改进学习过程、信息技术优化学习效果、信息技术改善学习体验三个维度对信息技术促进教学的有效性进行考查。

第一，体现在信息技术改进学习过程上。依据田建林对"技术促进学习行为的改变"的研究,即教学结构是否发生变化、师生关系是否融洽、课堂互动内容是否加深,结合蒋立兵、陈佑清对翻转课堂的有效性研究,将教学的有效性分析维度确定为学习氛围、学习动机、学习行为、学习结果和学习满意度,本书将"信息技术改进学习过程"界定为信息技术对学习动机、学习氛围、课堂参与、学习方式、自主建构等过程变量的改善作用。

第二,体现在信息技术优化学习结果上。袁小红将学习结果分为学习效果和学习发展,学习效果即成绩提高情况和能力提升情况,学习发展即学生和教师获得的持久发展能力;刘美凤对信息技术促进学生成长从两个维度上进行界定。一是指信息技术帮助学生达到基本教育教学目标的情况,二是指信息技术促进学生达到发展性目标的情况,即培养学生自我发展和终身学习的能力、促进学生信息素养的提高、适应信息化社会发展的需要。笔者在上述两人研究的基础之上,将"信息技术优化学习结果"界定为信息技术促进基础性目标和发展性目标的实现。基础性目标是指帮助学生达到基本教学目标,即知识目标、情感目标、基础能力发展的目标;发展性目标是指培养学生的探究能力、合作能力、创新能力、信息素养等,以适应信息化社会发展的需要。

第三,体现在信息技术优化学习体验上。近年来,学习体验在学习科学领域受到了广泛关注,它也是"学习产出"的重要维度,学习体验的好坏直接影响着学生的后续学习动机、学习行为和学习效果。Addis 和 Holbrook 将顾客体验分为功利体验(客观价值)和享受体验(主观价值)。张丰认为初中生积极的学习体验包括愉悦感和成功感。胡新华认为学习体验包括感官体验、情感体验、思考体验、知识体验和关联体验。管珏琪、Peter Riezebos、苏小兵、祝智庭认为信息化教学中的学习体验包括自我效能、学习动机、直接反馈、学习参与、技术体验。曹培杰研究认为,学生在信息化教学中的学习体验主要包括三个部分,即兴趣动机、必要性感知和自我能力认知。王眷愁认为,学习体验是指学习者自身所体验到的关于学习过程与学习结果的感受、经历和认识。由于信息技术对学习过程和学习结果的优化已经反映了信息技术的客观价值(功利体验),本书中的"学习体验"只表示信息技术给教学带来的主观价值(享受体验）。参考已有的学习体验概念与分类研究，尤其是 Addis 和 Holbrook 的分类，笔者将"学习体验"界定为学生在课堂学习过程中和学习结束之后所产生的主观心理感受，主要包括环境舒适感、学习沉浸感、学习愉悦感、学习满意度、学习自信心等。

4

信息化教学设计能力概述

4.1 "互联网+教育"对教师信息化教学设计能力的新要求

总体来看,当前的教师面对着全新的教学工具和教学环境,传统的教学设计能力已不能完全适用。也就是说,教师在"互联网+教育"时代下必须与时俱进,逐步形成信息化教学设计能力。值得注意的是,"互联网+教育"时代的信息化教学设计能力并非是对传统教学设计能力的彻底颠覆,而是对后者进行积极的历史性继承,如两者都是课前的教学准备活动,都涉及学生、教学内容、教学媒介等教学基本要素,最终都要形成具有可操作性的教学计划等,但前者是在"互联网+教育"的全新时代背景下对后者的革新、发展。教师必须积极应对新的时代对自身信息化教学设计能力提出的新要求。

第一,教师必须认同、接纳"互联网+"元素与课堂教学设计深度整合的全新理念,才能在信息化教学设计能力的培养、提升过程中,积极主动地转变传统的教学设计思路,学习新一代信息技术和产品的应用技能。换句话说,教师必须改变固有看法,即认为"互联网技术和产品是干扰课堂教学的因素,尽量把互联网元素排除在教学设计之外"。显然,这种看法无疑是画地为牢,它只关注了青少年通过网络进行一些与教材、教学内容无关的活动,而忽视了网络时代下信息技术与网络资源对改变传统课堂教学模式、提升课堂教学效率的积极作用。因此,在"互联网+教育"时代,教师不能被动地等待组织学习网络技术和产品的应用,而应在主观意愿上认可、接纳互联网元素与教学设计中的其他各个要素、各个环节的有机整合,以主体者的姿态投入到信息化教学的潮流中。

第二，对任何能力的检查、评价的重点向来都是便于观察的外显行为，即技能。而现有的信息技术与课程整合，侧重于教师能够使用多媒体技术，在日常的课堂教学设计中能够利用计算机办公软件制作 PPT、播放网络视频等。随着云计算、大数据、移动互联网等新一代信息技术的出现与发展，教育领域出现了微课、慕课、翻转课堂等新型教学模式的参与，教学数据的处理分析，网络资源的整合再现，新型媒介的应用等。这些"互联网+"时代的新技术、新变化，对教师现有的教学设计能力提出了新要求，即教师不能停留于基础的信息化教学技能，而应该时刻关注信息化教学技能的新动态，学习掌握新一代信息技术。值得注意的是，信息化教学设计能力在外显行为上还应区别于"器"的信息化，尤其要注意避免陷入工具主义的泥沼中。这不仅要求教师能够应用新一代的信息技术，还要求教师在教学设计的过程中能够注意应用的有效性，包括应用的时机、频率、形态、与教学内容的契合度、对教学对象的针对性等多种因素。

4.2　信息化教学设计能力的理论基础

4.2.1 建构主义学习理论

建构主义学习理论产生于 20 世纪 90 年代，是在行为主义、认知主义基础上发展起来的教育心理学理论。这一理论的最早提出者可追溯到瑞士的皮亚杰，他认为儿童在与周围环境相互作用的过程中，通过"同化"和"顺应"逐步建构，在"平衡—不平衡—新的平衡"中不断获得关于外部世界的知识，从而使自身认知结构得到发展。

建构主义学习理论认为，"情境""协作""会话"和"意义建构"是学习环境中的四大要素，显然网络环境有利于四大要素的最充分发挥。

"情境"指学习环境中的情境必须有利于学生对所学内容的意义建构，这就对教学设计提出了新的要求，即尽可能创设真实情境。在建构主义学习环境下，教学设计不仅要分析教学目标，还要考虑创设一切有利于学生意义建构的情境，并把网络环境下的情境创设看作教学设计的最重要内容之一。

"协作"：协作贯穿于学习过程的始终，包括学习资料的搜集和分析、学习策略的选择和运用、假设的提出和验证、学习成果的评价和交流，直到意义的最终建构。网络通信技术能有效实现远距离的协作，包括生生间的交流、师生间的沟通反馈，甚至与学者、专家的交流，这些是传统手段所无法实现的。学生在已有的价值观判断下，以自己的方式来建构事物的意义。不同的人理解事物的角度是不同的，通过与他人的讨论、互助等形式的合作学习，学生就可以超越自己的认识，更加全面深刻地理解事物。这种学习方式不仅会逐渐提高学生的建构能力，丰富已有知识背景，升华所学知识，而且有利于今后的学习与发展。

"会话"：会话是写作过程中不可缺少的环节，学生必须通过会话发表自己的看法、商讨计划的实施，并在这一过程中共享每一个参与者的思维成果。因此，会话是实现意义建构的重要手段之一。多媒体计算机上所带有的语音系统功能，则有利于学习小组成员、师生间的会话完成。

"意义建构"：这是整个学习过程的最终目标，是学生在自我理解基础上的检验和调整。因此，教师在教学设计时，需要重视学习者在新旧知识经验间反复双向相互作用，对于知识的呈现，不能像镜子那样去反映、呈现，而是通过多媒体技术和网络技术创设生动、直观、形象的情景，有效地激发联想，唤醒长期记忆中有关的知识和经验，从而能利用自己认知结构中的有关知识与经验去同化当前学习到的新知识，赋予新知识以某种意义。这也是传统教学媒体和教学环境所无法实现的。

一方面，互联网为建构主义学习的展开提供了理想的资源、环境和认知工具，能有效促进学生的认知发展。另一方面，建构主义学习理论为网络环境与课程整合提供了坚实的理论基础。同时，建构主义学习理论所提倡的在教师指导下的、以学习者为中心的学习，既强调学生的主体地位，又不忽视教师的指导作用，明确教师在学生建构意义过程中的帮助者、促进者角色，这也为教师的信息化教学设计能力提供了理论基础。

4.2.2 胜任力理论

"胜任力"这一概念最早由哈佛大学的 David McClelland 教授在其 1973 年发表的一篇题为《测量胜任能力（competency）而非智力》的重要论文中提出。他认为，真正影响工作业绩的个人条件和行为特征就是能力，并指出工作绩效的持久品质和特征的决定性因素是这种胜任能力。1993 年，Spencer 根据胜任力理论，提出了胜任力的理论模型，主要是冰山模型与洋葱模型两种，他把胜任力分为五个部分，分别为技能、知识、自我概念、特质和动机。在冰山模型当中，技能和知识部分位于上方，是可观察的，自我概念、特质、动机位于下方，是不可观察的；在洋葱模型中，技能和知识在最外面的表层，相对容易发展，其次是自我概念（态度、价值观），最里层的是特质和动机，不容易发展。

4.3 信息化教学设计能力的要素及结构

4.3.1 信息化教学设计能力的构成要素

能力是一个多维度的综合性概念，从不同视角出发，延伸的内涵也有所不同。一方面，信息化教学设计能力是"互联网+"时代背景下教师生存、发展所必备的职业能力之一。从教师个体的工作绩效出发，关注的是教师对于信息设备的操作能力、动手能力，表现为一种外显的行为。另一方面，根据国际培训、绩效、教学标准委员会（IBSTPI）所发布的能力定义，即"能使个体合乎标准地进行特定职务、岗位活动的个体知识、技能、态度等"，更多地强调个体从业心态、价值取向、知识储备等内隐的要求。因此，本研究整合这两个方面的能力定义，从教师个体的专业发展需求出发，以胜任力理论为依据，将信息化教学设计能力划分为"基本信息素养、信息化分析能力、信息化设计能力、信息化评价能力"四个一级能力。每一个一级能力都涉及意识态度、知识、技能三个要素。其中，三个要素的构成参照了胜任力理论的冰山模型和洋葱模型，其要素及构成如下。

第一，意识态度作为核心内容，直接决定教师个体的职业心理，能够激发、指导教师的教学设计行为。它是内隐的，难以从外部观察，也是"知识"和"技能"习得、发展、实践的内在动机，具体包括自我概念意识（即对信息化教学设计中教师角色定位的认识、对自己习得信息技术知识技能的自我效能感等）、对以互联网为代表的信息技术的接纳和重视程度、在教学设计过程中对互联网思维的认可程度等。第二，知识是外显的、可观察的，同时具有基础性，是"技能"习得、运用的前提。在知识的构成上，它一方面涵盖了三部分相互独立的知识板块，即信息技术知识、学科专业知识、教育教学知识；另一方面，还包括各板块进一步交叉、融合的知识，如互联网环境下的教学知识、互联网资源与学科知识关系的认识等。而后者正是信息化教学设计得以有效展开的关键所在，只有具备了基础的综合性信息化教学设计知识，才能在一线的教学实践过程中不断实践、反馈、再发展，最终成长为适应"互联网+"时代的专业型教师。第三，技能也是外显的、可观察的，又是在"知识"的基础上习得的，是发展性的结果，具体包括对信息化硬件设备（如计算机、电子白板等）的操作、管理、应用技能，对信息化软件（如 Powerpoint、Word、思维导图等）的操作应用技能，对网络资源（如学科课件网、教师交流论坛、在线测评系统、网络博客等）的获取、处理、开发、应用技能等。总体来说，信息化教学设计能力是意识态度、知识、技能三者进一步系统化整合形成的稳定的心理结构和外显行为。

4.3.2 信息化教学设计能力的结构

根据上一部分内容中对信息化教学设计活动各环节的分析，同时参照国际培训、绩效、教学标准委员会（IBSTPI）所公布的教学设计能力标准和我国的《教师教育技术能力标准》中的相关内容，将信息化教学设计能力等划分为基本信息素养、信息化分析能力、信息化设计能力、信息化评价能力四个一级能力。其中，除基本信息素养外，另外三个一级能力再具体划分为二级能力结构。

4.3.2.1 信息化分析能力

在信息化分析能力一项中，针对不同分析对象可表述为不同的二级能力。

信息化分析教学对象。信息化分析教学对象是信息化教学设计活动前期开展的重要环节之一。教师通过各类信息化手段，客观、全面地了解教学对象的现有学习状况，从而确定出合适的"最近发展区"，主要包括关注学生运用计算机等信息设备的水平；利用网络资源或平台制作互动测试题目，以分析学生当前学习状况和能达到的最佳学习水平；能利用网络提供的调查问卷，测试并分析学生的学习动机等。

把握课程目标能力。把握课程目标的能力包括"经常分析、研究本学科的课程标准要求"。

分析教学目标能力。分析教学目标是教学设计活动的起点，需要教师根据不同班级学生、教学内容、教学条件等实际情况，确定合适的课堂教学目标，包括经常以三维目标的形式分析课堂教学目标；能够根据不同教学班级的实际情况，适当修改教学目标等基本内容。除此之外，在"互联网+"的背景下还强调关注教学对象的现有信息化水平、对信息化教学的接受程度等信息化内容。

分析教学内容。分析教学内容也是教学设计活动不可或缺的环节之一，通常关注教学内容的重难点、顺序安排等内容。此外，还需突出应用网络软件编排教学内容等信息化手段。

4.3.2.2 信息化设计能力

设计信息化教学目标。设计信息化教学目标要求教师能够划分教学目标的层次，使其具体化、可操作，尤其要考虑学生对信息化教学的接受程度、学生应用网络资源和信息技术的目标。

设计教学内容的能力。设计教学内容的能力要求能够从教学单元、题材等整体角度来设计教学内容，注重考虑教学内容与学生已掌握知识的联系。

设计信息化教学环境。设计信息化教学环境是指通过合理设计网络、多媒体等教学工具，能够具备参与相关团队或个人独立开发，适合教学活动开展的信息化资源或产品，营造特定的教学情境，以利于学生实现对知识的意义建构。同时，设计应用信息技术设备记录课堂教学，以便教师自身实现课后评价。

设计教学评价。设计教学评价是指教师通过合理设计网络问卷、互动测试等各类信息化评价工具，实现教学活动中的形成性评价和总结性评价。

4.3.2.3 信息化评价能力

信息化评价能力包括信息化教学评价能力和评价信息化教学设计成果能力等两个二级能力。信息化教学评价能力，即能够应用信息化手段展开形成性评价和总结性评价，具体包括经常撰写教学反思，并能够在博客、教师论坛等网络平台上与他人交流；能够应用网络在线测评系统评价学生成绩情况。评价信息化教学设计成果的能力，包括经常反思信息技术与教学设计各环节的整合是否合理，以及教学设计中的信息技术的实施是否简单易行。

4.4 信息化教学设计能力与传统教学设计能力的区别

信息化教学设计能力不是对传统教学设计能力的彻底颠覆、重组，而是在传统教学设计能力的基础上的进一步发展、完善，尤其突出信息技术的有机构成。依据建构能力的胜任力模型，从其所涵盖的意识态度、知识、技能三个维度来看，信息化教学设计能力相比传统教学设计能力发生了很大变化。

信息化教学设计能力与传统教学设计能力在态度意识、知识、技能三个辨析项目上，既存在具有本质区别的项目，也有进一步修改、完善的项目。相比之下，信息化教学设计能力在具有方向指导作用的教学理论上，摒弃了纯粹的认知主义教学理论和行为主义教学理论指导，转向以建构主义教学理论为主体、兼顾认知主义教学理论和行为主义教学理论的新型综合化指导，从而使教学设计的重心由"为了教"转变为"为了学"，强调的是为学生创设出有效的

"学习情境",包括教学环境设计、问题设计、任务设计等内容。这就要求教师所应具备的知识在范围上更广,除了传统的学科专业知识、一般教学法知识以外,还要求教师掌握计算机、多媒体、网络相关的信息技术知识,三个部分缺一不可。同时,要求教师掌握知识的层次更高,尤其是专业学科、教育教学、信息技术三者不同领域的交叉性、融合性知识。另外,还要求教师具备的技能更为丰富,除了一般性的课堂教学技能(如三笔字技能、课堂讲演技能等)外,还要求掌握计算机、多媒体等信息化设备的操作技能和网络资源的设计、开发技能。

5

教育信息化发展水平评估指标体系设计

教育信息化处于一种不断发展的动态过程，科学地分析和反映基础教育信息化的基本特征及动态变化规律，制定合理的发展战略，选择合理的工作重点和政策措施，都需要一套内容涵盖全面、符合时代需求、科学合理的指标体系作为支撑。在此基础上，才有可能对基础教育信息化发展水平进行科学合理的评估。

5.1 教育信息化评估指标体系的建立方法

随着信息技术的不断发展，教育信息化应用方面的指标逐渐深入并细化。这一趋势表明，教育信息化各利益相关体更加注重教育信息化在学校中的应用实效。同时，随着基础教育信息化从应用走向融合，指标体系内容涉及的方面越来越宽，基础教育信息化工作面不断扩展。为了规范引导教育信息化的各项工作，使之快速并且可持续发展，需要建立科学的评估指标体系，需要借助系统理论、统计学知识、管理学理论等多学科基础理论，建立科学的评估指标体系。采用科学的评估指标体系，对地区基础教育信息化工作开展评估，形成的评估报告能够为制定教育发展政策提供参考依据，从而起到间接引导信息化发展方向的作用。借助综合评价学理论开展综合评估是解决问题的有效方法之一。

统计综合评价技术目前已经被广泛应用于基础教育信息化定量综合评估实践中。评估指标体系是综合评价过程的要素之一，构建评估指标体系的过程是一个对评估内容重新思考的过程。从横向看，开展基础教育信息化发展水平评估利用的是统计学基本原理；从纵向看，基础教育信息化统计综合评估属于教育技术学领域的研究内容之一，从评估指标的内容要素到评估等级的划分，都需要结合基础教育信息化的实际发展情况；从价值的角度上来说，构建评估指标体系首先需要考虑评估的意义，其次需要遵循一定的构建依据；从内容上来说，构建评估指标体系是一个从具体到抽象，再从抽象回到具体的过程。也就是说，从基础教育信息化发展的实际情况出发，提炼出评估内容要素，然后形成具体的指标。

5.1.1 建立评估指标体系的意义

5.1.1.1 对发展水平进行监测

加强对基础教育信息化发展水平的监测与宏观调控，是现阶段促进我国基础教育信息化快速发展的有效手段。针对某个系统或活动的运作情况进行监测，需要有足够的系统、全面、准确的数据信息作为支撑。良好的指标体系应该能够充分反映学校信息化运作的全貌。除了全面反映学校信息化环境外，还涉及管理信息化水平，以及保障学校信息化可持续发展的机制建设情况。同时，掌握系统全面的学校教育信息化发展情况信息，有助于教育行政管理部门充分了解地区、城乡基础教育信息化发展水平和差异，促进政府对基础教育信息化发展进行宏观调控，使基础教育信息化均衡发展，提高基础教育信息化发展质量，进而提高基础教育的整体发展水平。

5.1.1.2 提供决策支持

教育行政部门在制定教育信息化规划和决策的过程中，以及处理管理落实教育信息化政策等各方面工作时，均需要有足够的实践经验和理论指导作为支撑。目前，我国学校教育信息化仍然面临一些挑战和误区，如一些教育行政部门和学校仍然没有充分认识到信息技术对教育的革命性影响，信息化与教育教学"两张皮"现象仍然存在，学校教育信息化粗放式管理模式仍然比较普遍。因此，政府需要进一步利用合理的指标体系，全面收集学校教育信息化发展数据，加强基础教育信息化的决策支持，促进基础教育信息化的精细化管理。

5.1.1.3 促进资源分配合理化

基础教育信息化均衡发展仍然是一项有待解决的任务。基础教育信息化属于社会发展的组成部分，不可避免受制于经济社会发展水平等多种因素。实际上，在基础教育信息化领域，国内外普遍存在着区域差异问题。开展基础教育信息化发展水平评估可以从宏观上全面、客观地了解区域间基础教育信息化发展的基本情况、发展水平、各区域在推进基础教育信息化发展进程中遇到的挑战以及发展中存在的问题，便于在区域之间开展比较全面、客观地横向对比，充分了解各区域的发展成果，以及同发达地区的发展差距和差异程度。在了解和掌握各区域发展情况的基础上，政府和教育行政部门能够明确各区域未来的发展方向，更加科学合理地制定政策，促进资源合理分配。

5.1.1.4 引导中小学校教育信息化良性发展

评估的目的更在于引导。方向引导和全面监测成为基础教育信息化发展水平评估的两大基本作用，即以监测和评估的结果为依据，有针对性地引导被评估单位发现问题的症结，找出解决问题的方法。基础教育信息化发展水平评估指标体系的内容既可以从宏观上为教育行政部门提供基础教育信息化发展理念和相关政策的解读，为教育行政部门提供参考意见，也可以根据学校发展的实际情况，为中小学校提供关于课程、教材、教法等各方面的引导，提高信息技术在教育教学中的应用效率，提高教育质量。

5.1.2 建立评估指标体系存在的困难

由于信息化已经渗透至国民经济的全过程，涉及生产生活的方方面面，信息化在教育领域中也不断发展渗透，教育信息化随着时间和空间的转移，呈现出多样化的趋势。目前信息技术在教育中的许多尝试仍然处于发展初期，在不断地发展和更新，尚未达到成熟稳定的状态。这就意味着目前许多的软硬件建设和与之对应的在教育教学和管理中的应用不一定能够保持长期稳定，有可能会面临停用现状。这些不稳定因素不仅为确定指标体系带来很大的难度，而且统计口径和数据调整也会面临诸多争议，甚至有可能导致遗漏、缺损、重复计算等一系列的问题。从横向来说，基础教育信息化发展水平的统计数据涵盖面比较广泛，涉及教育教学和教育管理的许多细节和过程。理论上只要与基础教育相关的任何一个问题和过程涉及了信息化，就应该将统计分析覆盖到这些问题和过程中，收集其发展水平数据进行统计分析。但是，这样的处理导致工作量巨大，并且会面临数据冗余和重复计算等问题，会导致分析结果错综复杂，不利于关注重点矛盾并解决主要问题。从纵向来说，教育信息化在不同的发展阶段，其应用水平、与教育的融合程度及创新程度有很大的不同，而且不同的社会经济发展阶段，以及国家在不同阶段实施的教育信息化政策规划等宏观背景，都会对教育信息化发展的各个阶段产生重大的影响。因此，较为全面地反映基础教育信息化各个发展阶段的深度发展水平比较困难。同时，基础教育信息化发展水平与教育管理体系之间存在高度关联的性质。教育信息化在一定程度上是属于教育领域内部的事务，似乎应该通过教育领域传统的统计方法进行评估，但是这样就难免导致教育信息化统计度量手段比较单一，缺乏中立性。如果从跨部门的管理体制的角度看，建立跨部门、跨业务、跨行业的统计指标体系，那么指标的定义、统计口径等会出现一定程度的混淆，容易带来数据失真的问题。此外，教育信息化发展规律尚不完全成熟，仍然处于需要不断探索的过程，先入为主地确定相关统计指标也容易由于主观随意性强等问题造成数据不够客观、脱离发展实际等问题。总之，想要利用一套指标体系来较为全面地反映基础教育信息化发展水平并不十分容易实现。

5.1.3　建立评估指标体系的基本原则

构建基础教育信息化发展水平评估指标体系，主要的指导思想包括以下几个方面：首先是客观评价教育信息化发展水平，为国家和地区制定基础教育政策规划服务；其次是为评估和考核地区基础教育信息化发展水平提供量化标准；再次是为了落实各地基础教育信息化各项工作的实施完成情况，了解地区在基础教育信息化发展过程中遇到的问题；最后是为了比较区域间基础教育信息化水平的差异和特点，为教育行政部门提供信息和建议。需要遵循的基本原则可以概括为以下四个方面。

5.1.3.1 符合方针政策规划

为了加快推进基础教育信息化发展，国家制定出台了一系列方针政策，对基础教育信息化发展起到规范和引导作用。由于基础教育信息化是一项全社会共同关注的事业，并且需要调动社会各领域资源，共同参与协调推进，因而只能由政府主导推广。基础教育信息化指标体系研究，是处于全社会共同推进基础教育信息化大环境下的研究，依循国家对基础教育信息化事业的顶层设计，有助于推进教育信息化发展。

5.1.3.2 宏观通用性

基础教育信息化发展水平评估指标体系，应该具有较强的宏观通用性。这是外部客观条件的要求，也是基础教育信息化本身的内在特性。从外部客观条件来说，国家为了推进基础教育信息化建设，近年来在全国范围实施了一系列重大项目。在各地推广这些重大项目，必然导致基础教育信息化发展的同质性较高。从基础教育信息化内在特征来说，各地学校在推进信息化建设的过程中，面临着一些共同的发展目标。

5.1.3.3 时代性和导向性

基础教育信息化是一个不断发展变化的过程，一些指标能够反映特定阶段的基础教育信息化发展水平，而在新的发展阶段和新时代的教育信息化发展要求下，指标体系的适应性处于一个不断减弱的过程，这些指标应该替换为符合时代发展和实际要求的指标。

5.1.3.4 科学性和可操作性

基础教育信息化体系复杂，涵盖面广，基础教育信息化评估指标体系应该清楚地界定指标内容和界限，系统全面地反映基础教育信息化的整体情况。同时，在指标设计过程中，应该注意数据收集、汇总的便利性和统计分析的可操作性。

5.1.4 建立评估指标体系的依据

构建教育信息化发展水平评估指标体系的基本依据主要有以下几个方面：一是以我国教育信息化相关政策规划为指导。作为顶层设计，我国教育信息化相关的规划为全国基础教育信息化工作绘制蓝图，在全国推进教育信息化发展的过程中发挥着重要支撑作用。相关规划在宏观上为全国教育信息化工作提出了明确要求，从整体上部署了发展任务，为教育信息化工作指明了方向。二是以教育信息化发展相关标准为基础。我国在国家层面和区域层面都发布了教育信息化相关标准，这些标准是对我国教育信息化发展实践经验的总结，在加速推进全国各地教育信息化发展的过程中，相关标准能够为各地教育信息化阐述并指明具体的工作成果样态，提供可复制的指南和规则，使教育信息化规划最终能够落到实处。三是着眼于我国区域基础教育信息化均衡发展要求。我国教育信息化仍然面临着区域发展差异以及城乡发展差异的实际问题，教育信息化建设在各地存在不均衡现象。部分地区尚未达到基础设施建设目标，与经济发达地区存在较大差距。因此，为了应对教育信息化均衡发展的挑战，在注重信息技术与教育应用融合的同时，应该关注起步较晚、发展较慢地区的实际问题，重视基础设施建设、机制保障、专业人员队伍建设等基础问题。结合指标体系构建特点，下面对教育信息化发展水平评估指标体系的建立依据进行详细说明：

5.1.4.1 以基础教育信息化发展相关标准为基础

教育信息化相关标准不仅能够为教育信息化发展提供建设的标准，也为教育信息化评估的开展提供了指导依据。为了适应教育信息化的发展，自 2000 年以来，经过十多年的努力，我国已经建立了具有一定深度和广度且覆盖较广的教育信息化技术标准体系框架，其中已有较多标准在基础教育信息化实践中得到应用，我国教育信息化标准建设工作已经在应用与推广方面取得了一定成果。

2002 年，教育部发布了《教育管理信息化标准》，2012 年又发布了适应教育信息化发展的新标准，为我国教育管理信息化建设提供指导，为教育管理信息化评估提供依据。

我国多个省级教育管理部门为指导本地基础教育信息化发展,也发布了适应本地教育信息化发展实际的试行建设标准。例如,2006年浙江省教育厅发布了《浙江省学校教育信息化建设暂行标准》。该标准是规范浙江省基础教育信息化建设的重要文件。河北省教育厅2011年发布了教育信息化工作标准,对全省教育信息化制定了统一的量化标准,并在具体的教育教学设计方面做出了明确的规定与要求。广东省教育厅在2011年发布了《广东省信息化基本标准(试行)》,按照规划管理、基础设施、应用成效三项一级指标,制定了本省基础教育信息化建设标准,其中规划管理类包括发展规划、管理机构、规章制度、经费保障;基础设施类包括网络设施、场室设备、应用系统、教学资源、教师队伍;应用成效类包括教学应用、学生信息素养、应用研究、电子校务、信息化对学校发展的贡献。山西省教育厅在2013年为了进一步规范山西省教育信息化建设行为,提升山西省教育信息化建设水平,参照国家《数字校园示范校建设参考指标》,结合山西省实际情况,制定了《山西省基础教育信息化建设基本标准(试行)》,从各方面对本省基础教育信息化发展提出了基本任务要求。为指导和规范安徽省内的中小学校信息化建设,提高学校信息化建设管理与应用水平,安徽省教育厅在2014年编制了《安徽省学校信息化基本标准(试行)》。作为本省推进教育信息化的规则和依据,该标准涵盖了教育信息化的各个方面,保障学校信息化有序规范推进。为了全面提升教育信息化发展水平,规范江西省内基础教育信息化建设,江西省教育厅2016年发布了《江西省中小学校信息化建设基本标准(试行)》。该标准从基础设施、应用软件、教学资源、师生能力和保障机制等方面制定了详细的配备要求。辽宁省教育厅2016年发布《辽宁省中小学学校信息化建设标准(试行)》,该标准从组织管理与机制保障、基础设施与环境建设、学校信息化应用、师生信息技术应用能力四个方面,规定了基础、提高、示范等三个层级的详细标准,用于指导和促进本省中小学校信息化建设标准化、规范化、科学化推进。在2010年出版的《教育信息化建设与应用标准及规范汇编》中,对教育信息化标准进行归纳汇总和整理,得出目前我国基础教育信息化标准的主要相关研究内容,为我国教育信息化研究提供了大量的参考标准。

5.1.4.2 以我国基础教育信息化相关政策规划为指导

鉴于基础教育信息化发展水平评估指标体系的构建原则之一是要符合国家教育信息化相关政策规划的顶层设计，并且对于基础教育阶段的各类中小学校信息化良性发展、可持续发展要具有一定的引导性，因而本研究对基础教育信息化发展水平评估指标的设计有必要以我国纲领性的教育信息化规划相关文件为指导。国家层面颁布了一系列重要的指导文件，体现了国家在特定时期内推进教育信息化发展的重要战略和要求，为特定时期教育信息化全面发展绘制了宏观蓝图。例如，国家2010年颁布了《国家中长期教育改革和发展规划纲要（2010—2020年）》，2012年颁布了《教育信息化十年发展规划（2011—2020年）》（以下简称《十年规划》），2016年颁布了《教育信息化"十三五"规划》（以下简称《规划》）。国家层面教育信息化规划定位在顶层设计，对全国教育各级各类学校和教育管理部门的教育信息化工作做出整体设计，在全国推进教育信息化发展的过程中发挥着的重要支撑作用。《十年规划》是我国近十年教育信息化建设的纲领性文件，为我国教育信息化的十年发展规划了发展方向，对我国教育信息化建设有重要意义。《十年规划》对包括基础教育信息化在内的各级各类教育信息化的发展任务作出了整体上的统筹规划和具体的工作部署。《十年规划》是在我国已经开展十余年教育信息化工作的基础上颁布的，我国教育信息化基础设施建设经过十余年的发展，在整体上已经取得较大的进步，但仍然需要面对地区发展差异的实际问题。因此，《十年规划》整体上仍然强调普及基础设施建设。与此同时，强调信息技术与教育的应用整合，并逐渐迈向融合创新。《规划》的颁布体现了我国教育信息化战略地位得以确立，《规划》是在这一背景下，以及教育信息化发展面临的新任务和新要求下提出的。我国教育信息化基础设施建设和信息技术在教育中的深度应用仍然有待加强，建设与应用仍然是这一时期规划的重点关注问题。"三通两平台"是现阶段我国教育信息化建设的核心任务，同时坚持以应用驱动为最主要的指导原则，进一步深化落实信息技术在教学中的深度应用整合。《十年规划》《规划》等纲领性文件本身已经对包括基础教育信息化在内的各级各类教育信息化发展均提出了明确要求，并为教育信息化发展水平指标体系的结构框架和具体内容指明了方向。

5.1.4.3 着眼于我国区域基础教育信息化均衡发展要求

目前我国城乡基础教育信息化发展存在着较大的现实差距。在校园网络建设、教育信息化资源配置以及信息技术课程开设、机制保障、专业人才队伍建设等方面，城乡学校仍然处于不同的发展阶段。

教育部教育信息化战略研究基地（华中）近年来例行发布的我国《教育信息化发展报告》（由高校研究机构教育信息化管理部门等多个单位的多位专家共同编制），以及国内多位专家学者开展的涵盖教育信息化均衡发展各个方面的研究，汇集了国内各级教育行政机构和各级各类学校在教育信息基础设施、数字化教学资源开发与应用、管理信息化、保障机制建设等方面的最新发展成果，对于研究我国教育信息化目前的发展状态具有重要的参考价值。这些研究报告中提到，目前我国城乡基础教育信息化均衡发展面临着多方面困难和挑战。基础教育信息化领域中的城乡均衡发展的问题主要集中体现在信息化硬件资源配置、数字化资源建设、数字化环境建设、信息化应用、信息化管理、信息化人才培养、保障机制、教师信息素养等多个指标上。

5.2 教育信息化发展水平评估指标体系的构成

构建评估指标体系的基础及前提，是首先要确定基础教育信息化发展水平评估指标体系的框架。评估框架是对评估结果进行实践应用的重要依据，对整个评估活动的开展有着重要的作用。考虑到核心指标要反映《教育规划纲要（2010—2020）》对教育信息化的要求，要能够反映《教育信息化规划（2010—2020）》的发展目标，并且依据宏观通用性原则，需要重点从基础教育信息化共同特性的角度出发，提取基础教育信息化的共性问题，并在具体设计中考虑到地区发展差异。本研究以教育信息化发展的五大核心要素作为指标框架开展研究。基础教育信息化发展水平评估五大维度指标体系的内涵丰富，包括基础设施建设、数字教育资源的开发与共享、教育信息化应用、管理信息化、机制保障等五大维度。

5.2.1 基础设施

基础设施建设是经济社会各领域发展的基础，如果没有基础设施建设，就不能为社会发展提供便利条件。教育信息化发展作为社会发展的重要组成部分，同样离不开基础设施建设的助推。沿海地区和某些新兴区域基础教育信息化的迅速发展，一条共同的经验就是通过率先启动大规模的基础教育信息化基础设施建设，为基础教育信息化的快速发展打下基础。经过二十几年的快速发展，我国基础教育信息化基础设施的面貌有了翻天覆地的变化，促进了全国基础教育信息化的快速持续发展。然而，由于过去基础薄弱，我国基础教育信息化基础设施的某些瓶颈制约因素仍未消除。基础设施建设是基础教育信息化的重要内容，也是反映基础教育信息化的硬环境的支撑条件，其主要考察学校多媒体教室的拥有量，计算机教室比例，师生拥有信息化教学终端比例、学校网络环境部署情况，以及校园网络带宽接入情况等。

5.2.2 数字教育资源

数字教育资源是指在教育领域中，能够在信息技术条件下广泛使用的各类多媒体资源。数字教育资源为数字化学习提供了丰富的资料。在传统学习环境中，由于地理位置区隔，以及行业或学科之间的高度独立特性，大量可用于教育的资源只能在小范围内流通；少数拥有资源的研究机构和科研院所如同一座座孤岛，使教学资源的获取途径被难以逾越的壁垒隔断，成为阻碍广大师生开展研究学习活动的主要障碍。目前，人们通过网络技术和简单的终端设备，可以快速实现大部分数字教育资源的共享，并且数字教育资源可以有多种创建途径，任何一个学习者均可以创造出个性化的学习资源，并分享给世界各地各行各业的人群，这使数字教育资源的分化更加细致，教育资源的层次更加多样，内容更加丰富多元。随着信息时代的不断发展，数字教育资源的获取途径更加便捷，缺乏资源已不再是阻碍学习者的主要矛盾。在基础教育信息化评估中，更应该衡量各中小学校是否为师生提供便捷的资源获取途径，是否将数字教育资源应用到课堂教学中，学生是否能够选择适当的资源，并对资源加以合理利用，促进自身个性化学习水平提升。

数字教育资源是基础教育信息化的关键，在基础教育信息化评估中，主要考察中小学校和教育管理机构建设的教学资源、科研资源以及相关资源的应用情况。优质数字教育资源的开发、应用和共享，是促进基础教育公平、提高基础教育质量、提升教师信息化教学能力和学生信息化学习能力的重要前提，也是促进资源开发、实现资源共享的重要环节。

5.2.3 教学应用

教学应用主要是衡量在中小学校的课堂教学中，将各种信息技术融入各个教学环节中的情况。学校教学与信息技术的融合体现在各个方面。从教学的形式上来看，在传统形式的课堂教学中，使用各种多媒体设备，将教学内容通过电化形式呈现出来，使课堂教学的形式更加生动活泼。在辅导形式的教学中，对信息技术的应用要求更高。如果采用辅导形式的教学，前提是学生需要提前了解学习内容，这样才能在课堂上进行有针对性的个性化指导，这就对学生信息素养水平提出了较高的要求。只有掌握了充足的信息技术技能，学生才有可能收集到足够的学习资源，并通过信息技术与其他同学或老师开展问题讨论。从教学的环节方面来看，教师首先要引导学生对所学知识有一个感性的认识。在这一环节，可以充分利用互联网资源和多媒体技术，将教学内容制作成为学生能够理解的形象，给学生提供一个可以感知的案例，引导学生进入学习内容。其次，教师要引导学生理解内容。这一个过程主要的目标是，要将学生头脑中存在的感性认识转换为理性的知识。这一个过程是从具体现象转换为抽象思维的过程，需要为学生提供大量的具体实例作为思考对象，引导学生从中发现并总结规律，将认识转换为知识，纳入学生的知识体系中。单就这一点来说，这个过程对教师和学生的数字教育资源的搜集与选择能力提出了较高的要求。然后，教师需要组织学生进行实验等活动。这一环节主要是引导学生对所学知识加以验证，或者将所学的知识应用到实际生活中。这一环节的教学形式丰富多样，以科学实验为例，在许多教育发展相对落后地区的传统课堂上，由于缺少实验装备，导致实验环节形同虚设，学生对实验的体验主要依靠想象力。这种情况容易导致学生对知识的验证并不牢固，使教学效果打了折扣。最后，在教学检查环节，教师主要通过批改作业和考试的形式，来了解学生对所学知识的掌握程度。应用信息技术可以使这种评估活动产生根本性的改变。例如，学生当堂在个人终端设备上提交作业以后，利用各种学习空间提供的批改系统，能够及时地为学生提供反馈信息。同时，在教师的空间中，能够生成更加详细的评估报告，使教师通过可视化的界面，快速掌握全班同学的整体情况。信息技术帮助师生及时发现问题，并纠正问题，大大缩短了评估结果的反馈时间。

通过以上分析，在教学中合理使用信息技术设备能够使教学质量显著提升，并且提高教学效率。有必要对中小学校的教育信息化应用水平进行衡量。为了保证信息技术在教学中的应用，我们需要对师生使用信息技术开展教学活动的时间加以衡量，同时对教师队伍整体上的信息技术使用能力和使用频率提出较高的要求。

5.2.4 管理信息化

信息技术的快速发展，已经深刻改变了我国社会各领域的秩序，社会组织、单位和个人所面对的不再是传统的物质环境，而是以网络为媒介、用户为中心将社会组织的框架结构建设、生产制造、互动交流等活动紧密连接在一起的信息化环境。在教育领域，信息技术的发展带动教育管理的转变，对教育管理部门的理念、教育机构的发展有着全方位影响，并彻底改变了教育领域原有的管理理念、管理方法、管理模式。管理模式创新、技术创新和对各项信息化资源加大投入，是提高教育信息化发展水平的有效手段。教育领域生态环境的变化，要求教育管理信息化从局部向整体、从管理部门向教育机构、从简单向复合进行演变，要求教育管理信息化从最初的基础设施建设不断优化、升级、扩展，使教育管理信息化的覆盖面由窄到宽，管理理念由浅至深，管理方法由简变繁。管理信息化主要衡量中小学校利用信息技术开展校务信息化办公的水平。例如，对学生相关数据库的本地管理以及本地数据库与上级数据库的对接情况。此外，对教职员工的行政管理是衡量管理信息化水平的主要内容。同时，随着大数据、云计算等技术发展普及，对于数据的利用与共享情况也是评估考察的重点内容。

5.2.5 保障机制

促进基础教育信息化可持续发展离不开相应的体制机制安排，合理的体制机制设计能够为基础教育信息化发展营造良好的环境，为基础教育信息化快速、持续发展提供保障，进而将直接影响教育信息化发展的最终绩效。为基础教育信息化发展提供机制保障，可从两个层面落实推进：一个层面是通过政府的顶层设计，用政府层面的制度创新、政策创新和工作创新推动教育管理部门和教育机构层面的管理创新和模式创新，营造人才、经费充分发挥作用的制度环境。顶层设计是实施教育信息化建设的关键；另一个层面是推动教育管理部门和教育机构内部的管理制度创新，从而实现管理变革和价值驱动，使顶层设计真正落到实处，使教育管理部门和教育机构成为教育信息化落实的主体。

保障体系是关系到学校教育信息化工作实施成败的重要因素，也是关系到学校教育信息化可持续发展能力的核心问题。学校的信息化领导力是教育信息化发展水平的重要保障。只有具备足够的领导力，才能制定合理的信息化政策，合理安排信息化经费的分配和使用。以上内容都是保障学校信息化可持续发展的重要因素，在评估中需要重点加以考察。我们应基于我国基础教育信息化相关政策法规，根据我国教育信息化发展的内涵，结合我国基础教育信息化发展的实际情况，在现有教育信息化评估方面的丰富研究成果的基础上，及基础教育信息化的特点和政策的构建基础教育信息化发展水平的指标体系；在综合考虑国内外调研的核心指标以及文献资料中的多个指标体系的基础上，形成教育信息化核心指标体系框架；选择基础设施、数字教育资源、信息化应用、管理信息化和机制保障等五大维度构成区域教育信息化评估指标体系的一级指标。由于基础教育信息化指标的选择具有一定的相对性，本研究虽然尽可能地遵循指标设置的时代性、可比性、可操作性，但在不同地区或不同时期所适用的指标体系可能不尽相同。

5.2.6 评估指标体系的构成分析

教育信息化指标体系的设计以国家发布的一系列政策规划为基础，充分考虑教育信息化相关建设标准。同时，现有的以教育信息化指标体系设计为主题的研究论文也为本研究提供了重要的参考资料。本研究以中国知网（CNKI）为检索平台，在CNKI中设置检索条件为：主题＝基础教育信息化 and 主题＝指标 or 主题＝中小学信息化 and 主题＝指标 and（精确匹配）。排除基础科学、工程科技、农业科技、医药卫生科技等文献分类，共检索到与基础教育信息化评估指标相关的31条论文记录，从中挑选出主要以教育阶段信息化评估为主题，并且指标体系的内容相对完整的14篇论文。通过对文献资料中有关指标设计的内容进行分析和总结，计算出本研究所采用的五大维度指标体系内容在现有文献中采纳的比例。结合现有研究成果，将我国教育信息化《十年规划》和《规划》中涉及的有关基础教育信息化指标内容、由教育部公布的教育信息化统计年鉴中的基础教育信息化相关指标进行综合对比，我们可以对指标所涵盖评估内容的合理性进行分析。

5.3 教育信息化指标体系的权重

在多项指标的综合评价中，权重的确定是一项最基本也是最重要的工作，权重值的确定直接影响到综合评价的结果。上述的基础教育信息化发展水平评估指标体系反映了基础教育信息化发展的特征和水平，各项指标在评估体系中的重要性不同，各项指标对于学校和地区基础教育信息化发展的意义与重要性不同，并且各项指标对于师生教育信息化发展满意度的影响程度也是不同的。为了明确各项指标在评估体系中的重要程度，需要分别赋予各项指标不同的权重。

5.3.1 赋权法

指标主观赋权法是一种以专业知识和实践经验为基础，借助于若干专家的主观分析与研究，为各个评估指标的重要性赋予权数的方法。主观赋权法的优点是数据获取较为简单方便，针对实际情况，由相关领域的专家较为合理地确定各指标之间的重要性排序。主观赋权法通常可以在一定程度上有效地为各指标赋权。主观赋权法也存在一定的随意性，不同专家往往会给出不同的权数，并且即便邀请更多、专业更相关的专家，也无法从本质上避免随意性问题。因此，在实际应用中，利用主观赋权法得出的指标权重可能与理想情况存在一定差异。

层次分析法（Analytic Hierarchy Process，AHP）是一种将与决策相关的元素分解为目标、准则、方案等层次，从而进行定性、定量分析的决策方法。层次分析法是一种主观赋权方法，该方法由美国运筹学家、匹兹堡大学教授萨蒂在20世纪70年代初基于网络系统理论和多目标综合评估方法提出的一种层次权重决策分析方法，该方法最初用于美国国防部的研究课题。层次分析法的特点是利用较少的定量信息使决策的思维过程数学化，从而为多目标、多准则、无结构特性的复杂决策问题提供简便的决策方法。应用层次分析法确定权重系数，能够提高权重的准确性。

在教育信息化发展水平评估中运用层次分析法，首先要根据已有的教育信息化发展水平评估指标体系，编写专家咨询问卷。在收集到多位教育信息化领域的较权威专家的打分数据之后，对各项指标进行两两比较，构造判断矩阵。由于该判断矩阵具有一定主观随意性，为确保可信度和准确性，必须进行一致性检验。经过一致性检验的判断矩阵，其最大特征根对应的非负特征向量即为权重向量。

客观赋权法，是一种对各指标的原始数据进行一定的数学处理而获得各指标权重系数的方法，原始数据来自于评估矩阵的实际数据。客观赋权法避免了除原始数据之外的主观因素，使系数具有较强的客观性，但这类方法有可能会造成重要指标的权重系数小而不重要指标的权重指标系数反而大的不合理现象。客观赋权法主要有熵值法、变异系数法、主成分分析法和CRITIC法。

CRITIC法是以各评估指标之间的冲突性和对比强度为依据确定各指标权重的一种客观赋权法。利用CRITIC法计算指标客观权重时，各指标的权重由各指标数据的差异度大小和各指标之间的相关程度决定。差异系数由标准差决定，指标之间的冲突性由各指标之间的相关程度反映。在标准差不变的情况下，指标间的相关性越大，冲突系数越小，指标权重越小；指标间的相关性越小，冲突系数越大，对应指标权重越大。CRITIC法求取权重的基本思路如下：首先建立各指标的原始数据矩阵，并对数据进行正向无量纲化处理；然后求出指标间的相关系数和标准差；最后计算出该指标所包含的信息量，归一化处理之后，确定每个指标的权重值。指标权重关系到评估结果的可靠性与准确性，挑选适当的指标权重确定方法是教育信息化发展水平评估过程中的一项重要工作。国内外教育信息化发展水平评估研究中使用的指标赋权方法已达数十种，大致分为主观赋权法、客观赋权法和组合赋权法三类。主、客观赋权方法各有长短。主观赋权法是以相关专家的主观判断为各指标赋权的方法，难以避免主观随意性因素及模糊随机性的影响。客观赋权法通常以数学理论为依据，综合考虑各项指标数据本身之间的相互关系。尽管客观赋权法尽量避免主观因素影响，因其无法体现各指标现实意义的重要程度，仍然存在一定的缺陷。组合赋权法为了能够对各指标相对科学合理地赋予权重，结合主、客观赋权法的各自特色，集中了主、客观赋权优势。收集数据与指标体系的赋权两项工作既可以分别独立设计，即先确定指标权重，再收集数据，或者先收集数据，再进行指标赋权，也可以采取同步进行的方式，将收集数据与指标赋权两个过程整合。由于在利用基于博弈论的组合赋权法为指标体系赋权的过程中，其中的主、客观权重均需要结合调研内容与反馈的数据来确定，因而本节采用基于博弈论的组合赋权法对指标体系进行赋权，需要先收集数据，然后对指标体系赋权。本节内容以东部S市基础教育信息化发展水平评估调研所得统计数据为例，对这一方法的原理、运算及一致性检验的过程进行阐述。同时，作为东部S市基础教育信息化发展水平评估实证研究中关于指标赋权的部分内容，为东部 S 市基础教育信息化发展水平评估研究打下了基础。在对东部 S 市的统计数据进行分析前，需要考虑东部 S 市的发展实际情况而对指标内容进一步筛选修正。因此，在 3.3.1 节中，通过适当增删部分指标，对五大维度指标体系进行微调，形成适应于东部 S 市的指标体系。东部 S 市位于我国东部经济发达地区，自古以来教育发达、人文荟萃。近年来随着国家和地方政府一系列基础教育信息化项目的实施，东部 S 市基础教育信息化取得跨越式发展，已经基本实现了基础教育现代化，这也是在本研究中选取基础教育信息化发展水平较高的东部 S 市为代表进行实证分析的主要原因。由于 3.1 节中构建的指标体系内容面向处于各发展阶段的大部分中小学校，部分指标主要评价的是学校教育信息化的建设和应用的发展水平，如考察硬件基础设施、数字资源的建设以及信息技术课程开设情况和信息技术与课程整合的数量等指标。这些指标通常用于衡量处于教育信息化较初级发展阶段的指标，在东部 S 市的发展背景下区分度不高，因而需要结合东部 S 市发展实际，从中筛选出区分度较高的部分指标。基于指标体系框架和内容编制基本情况调查问卷，结合东部 S 市基础教育信息化发展实际，在调查问卷和访谈提纲的设计方面，针对教育信息化主管领导、校长、教师和学生分别设计不同的问题，访谈提纲和问卷题目涵盖了指标体系中的基础设施建设、数字资源建设、应用服务建设、应用效能和机制保障等多个方面的内容。对东部 S 市 10 个区（县）的中小学校以及东部 S 市教育局直属中小学校的各项指标数值开展问卷调研和实地访谈，对数据进行收集和整理，挑选出适当的指标，其中一级指标共包含 19 个二级指标，二级指标细分为 29 个三级指标，共同构成针对东部 S 市基础教育信息化发展实际情况的指标体系。

5.3.2　基于 AHP 法的指标体系主观赋权

首先，将东部 S 市教育信息化综合发展情况作为目标层（A），该层重点研究的是对东部 S 市教育信息化建设有影响的因素以及影响力的大小；然后将五维一级指标作为层次结构的准则层（B），具体包括：基础设施（B1）、数字资源（B2）、应用服务（B3）、应用效能（B4）和机制保障（B5）。各一级指标下的二级指标作为指标层（C），由于三级指标体系过于繁琐，包含了29个因素，标度工作量太大，容易造成阅读疲倦和判断混乱，因而实际操作中未确定三级指标的权重，只是将其作为准则层5个因素的观察依据。由此，可以构造出层次分析的结构模型。建立起层次分析的基本结构后，依据基础教育信息化发展水平评估指标体系，采用专家调查法对东部S市各指标进行打分。根据所有专家的评分结果，按照九分位的比例标度进行统计分析，构造两两比较的判断矩阵。根据层次分析法的原理，判断矩阵的最大特征值所对应的特征向量就是各指标的权重向量。因此，计算各指标的权重就是求判断矩阵的最大特征值所对应的特征向量。采用几何平均数的归一化方法，计算出东部S市教育信息化发展水平评估指标体系中的主观权重。由于利用AHP方法为指标赋权的重要前提之一是专家对各指标相对重要程度的判断一致，不存在相互矛盾的现象，因而在使用AHP确定指标的权重时，首先需要检验判断矩阵的一致性。该研究中，运用yaahp软件对东部S市教育信息化发展指数各项指标进行统计分析，得到了影响东部S市教育信息化发展指数的主要因素的权重值。

5.3.3 基于CRITIC法的指标体系客观赋权

利用CRITIC法计算指标客观权重时，由指标值差异程度与指标之间数据相关性确定指标权重。在计算各指标的权重之前，需要将各指标的原始数据进行标准化处理，消除指标间的量纲。各评估指标原始值为X_i，无量纲化后值记为Z_i。为了避免数据变化过大造成无量纲化值突变而影响评估效果，这里采取对数的方式对指标进行无量纲化。考虑到综合计算结构能满足各地区在时间维度上进行自身发展状况的纵向比较需求，借鉴CPI指数计算方法，将东部S市教育信息化各指标的平均值记为S_0，各区原始数据的平均值体现了同一指标中取值差距的大小。

5.3.4 基于博弈论的组合赋权

博弈论又被称为对策论，既是现代数学的一个新分支，也是运筹学的一个重要学科。博弈论主要研究公式化的激励结构间的相互作用，是研究具有斗争或竞争性质现象的数学理论和方法。采用博弈论主要是基于对个体预测行为与实际行为之间平衡关系的考虑，是为了提供优化平衡策略。博弈论已经成为经济学的标准分析工具之一。在金融学、证券学、生物学、经济学、国际关系、计算机科学、政治学、军事战略和其他很多学科都有广泛的应用。在教育信息化发展水平评估过程中，利用基于博弈论的组合赋权法获取指标体系权重时，首先分别确定主观权重和客观权重，然后利用博弈论将主观权重和客观权重结合。基于博弈论的组合赋权思想是不同层次评估指标体系赋权方法的集成，其集成过程不是简单的物理过程，而是相互比较、相互协调的过程。其基本思想是在冲突中寻求协调一致的关系，使理想的综合权重与各主、客观权重的偏差极小化，尽可能保留主、客观权重值的信息。组合赋权的实质是通过一定的算式，将多种方法赋权的结果综合在一起，以得到一个更为客观合理的权重值。不同算法计算所得到的权重指标可能差别很大，甚至相互冲突。因此在组合赋权前，需要对不同方法求得的赋权结果进行一致性检验。根据 AHP 主观赋权法和 CRITIC 客观赋权法确定的权重进行赋权组合，采用距离函数判断主、客观赋权法的一致性程度。通过基于博弈论的组合赋权法得到的指标权重介于层次分析法和 CRITIC 法之间，是主、客观权重的优化组合。组合赋权法通过一系列运算过程规定了主、客观权重分别在综合评价中的比重，协调和均衡了主、客观法对赋权结果的作用和影响，最大限度地克服了单一权重的片面性，在保持客观信度的同时能够反映主观意愿，使得综合评价更科学合理，具有更好的解释性和说明性。

6

教育信息化发展水平评估方法

采用数学方法是为了在实际问题与数学工具之间搭起一座桥梁。如何比较和确认被评估对象的基础教育信息化发展水平的高低，属于一种常见的综合评价问题，因而有必要建立相应的综合评价方法。在建立评估指标体系的基础上，为了能够得到对被评估对象的综合评价和判断，需要进一步采用合理的数学模型，构建评估方法。在基础教育信息化发展水平评估的整个流程中，指标体系的部分在前面的章节已经做了相关的研究，本章重点研究选择和应用合理的数学模型构建基础教育信息化发展水平评估的方法。

6.1 综合评价指数

社会科学领域中的许多概念具有复杂多样的意义，在实证研究中如何较为合理地测量这些复杂概念对于研究者来说是一个挑战。在对这些概念开展相关的某些实证研究时，需要对研究问卷的内容有效性开展讨论，这些讨论往往聚集于问卷内容设计是否已经最大限度地涵盖了一个概念的各个维度。为了尽可能广泛地涵盖一个概念的各个方面，通常需要对这一概念进行多角度、全方位的观察，因而需要设置多项指标，构建多个变量，用以表征这一概念。在调查问卷的设计过程中，大部分变量的概念具有多重含义，需要利用多个问题项充分测量。但是，对这一概念的各维度测量所得结果比较复杂，而且不够直观，无法将结果直接用于实际决策中。因此，在对概念的各个方面分别开展研究之后，需要对这些分散的结果进行再次统一整合。在进行定量的数据分析时，实际上通常会将多项指标组合成一个单一指标。这种方式通常被称作综合指数测量法。综合指数测量法在实证研究以及其他定量研究中比较普遍，也常见于其他任何形式的社会研究中。从广义上来说，指数可以是由任意两个数经过比较形成的以数值形式呈现的相对结果，指数从狭义上来说是用于衡量某些复杂现象在总量或综合水平上的变化。在统计分析领域，结合相关的研究论文内容来看，大部分指数研究主要是针对狭义上的指数。指数是一个层次丰富、较为复杂的概念，具有多重的划分标准，按照不同的划分标准可以将指数划分为不同的类别。按照衡量的维度数量划分，指数有单一指数和综合指数之分。单一指数主要是对事物的某一个维度或变量的变动加以衡量，而综合指数涵盖事物的多个维度或变量，能够较为全面地衡量事物发展变动的整体水平。对于综合指数来说，按照计算方法的不同，指数又可分为单一权重的简单平均指数以及不同指标按照各自重要程度不同而赋予不同权重的加权指数。单一权重指数将反映事物各维度的各项指标视为同等重要，对各指标进行简单相加或求平均数；加权指数在综合指数计算的整个过程中加入了对各维度指标分别进行赋权的步骤。此外，从指数产生的时空范围来看，衡量事物在不同时间范围内变动情况的指数可以称为时间性的指数，而衡量事物在不同区域范围内变动情况的指数则可以称为区域性的指数。根据以上分析，本研究主要采用的指数属于区域性的赋权综合指数。

综合指数测量法经常用于社会科学领域的定量研究，原因有以下几个方面：首先，在研究涉及复杂概念的情况下，研究者们通常希望自己的研究不仅只包含单一指标的变量，实际上研究者们在开展研究过程中也基本不会制定单一的指标。在设计研究问卷时，研究者们为研究对象的每个维度都提供了一些不同的指标。单独采用其中的某个或某一部分指标可能会被认为所做的相关研究是无效的或不可靠的，而采用综合指数法可以在很大程度上解决这个问题。其次，研究者们有可能希望对某个特定变量采用更加精细的定序度量，如将几个序数类别的案例进行从非常低到非常高的排列。单个数据项可能没有足够的类别提供所需的变化范围，然而由几个题目综合而成的指标或者维度可以提供研究所需的范围。再次，综合指数能够使多维度的数据分析更加有效。如果说单一的数据项只能给出给定变量的粗略描述，那么多个数据项则可以更全面、更准确地描述现象。但由于同时处理几个数据项会使数据分析变得更加困难，而综合指数则能够适当减少数据项的数量，即进行数据降维，从而允许研究者以单一的指数总结若干个指标，并且能够尽可能地保持各单个指标的具体细节信息。最后，采用综合指数的研究报告可以为决策制定者提供更加清晰可靠的决策支持，并且便于对被评估对象的发展情况进行持续的监测与评估。组成综合指数的各维度指数能够进一步为决策者提供更多信息，通过观察对比评估对象的各维度指数，可以帮助其了解各评估对象自身发展的优势与劣势，在此基础上制定并推行相应的发展政策。

6.1.1 典型的信息化综合指数评估理论与方法

为了客观掌握信息化发展水平和发展趋势，了解国际上信息化发展的最新前沿，对信息化发展水平进行宏观评估并开展国际间的对比分析，是各国推进教育信息化的普遍做法，并且早已得到广泛认同。宏观的信息化综合发展水平评估研究始于20世纪中叶，其中一部分典型的综合指数评估理论模型已经广泛应用于信息化综合指数计算的实际工作中。

小松信息化指数法是根据提出该方法的经济学家的名字而命名的。日本经济学家小松崎清介为了衡量信息化发展水平，在1965年提出一种信息化发展水平测算法。在多个指标同时参与综合指标计算的情况下，由于各指标的性质不同、单位不同、数量级不同，不同指标的数值之间不具有可比性，也就无法直接用于综合指数计算，而是需要事先将各指标数值进行无量纲化处理或标准化处理。小松信息化指数法的计算方法大致是首先将多个维度下的各指标数值与设定的各指标标准值之比计算出来，作为标准化的指标值，然后再进行综合测算处理。类似的处理方法仍然多见于目前主流的综合指数测算方法中。在进行基础教育信息化发展水平的综合指数和差异指数的研究时，这种测算方法仍然具有重要的参考价值。

国际数据公司（IDC）联合一些研究机构共同提出了信息社会指数。信息社会指数方法在计算过程中结合了多种统计分析方法，如回归分析、多元线性回归分析、正则化、无量纲化等方法，对世界各地的社会信息化发展水平数据进行综合处理，并进行比较分析（世界各地的社会信息化发展水平数据主要来自于 IDC 公司、世界银行和国际电信联盟等跨国企业或国际组织）。构建信息社会指数最主要的思路仍然是采用简单的平均指数，在具体计算中赋予各维度下的指标相同的权重，但该方法的计算过程具有一定特色，体现出了遵循客观实际的设计思路。例如，在对某些维度的指标进行计算时，考虑到各国或地区由于面积、人口数量、人口密度、社会经济、区域位置、自然环境等各项基本条件的不同，导致不同国家或地区的信息社会发展基础存在着先天差距。因此，为了尽可能地避免最终计算结果将这种类型的因素导致的差距包括在内，在各维度指数的计算过程中采用适当的方法进行调整，在此基础上再确定各维度指数的结果。该方法采取了多种调整方法以尽量保证指数的客观性，如在计算国家或地区的社会信息化发展趋势时，需要收集评估对象近三年的社会信息化相关指标数据，利用该国家或地区近三年来的复合增长率的计算结果对该评估对象的发展趋势进行预测，以此在一定程度上平衡仅采用一年数据计算发展趋势和发展水平所造成的误差。

联合国相关研究所曾经提出联合国信息应用潜力指数，采用多属性的分层评估模型，这一指数衡量的是国家层面的应用信息技术的潜在能力，并对其信息化环境发展水平进行评估。在信息应用潜力指数中包含的各项指标及指数高达两百余种。信息应用潜力指数的计算方法属于赋权综合指数。该指数的计算主要分为三步：首先是对收集到的信息应用潜力相关指标数值进行标准化处理；其次是按照不同的数据组合方法求出各维度的信息应用潜力指数和总的指数。在对各项指标数值进行汇总计算综合指数的过程中，采用主成分分析等方法为各项指标赋予不同的权重。然后，将调研国家信息化数据与预设的标杆国家数据对比，并采用特定的数学方法计算对比信息化指数。最后，计算出各国相对于标杆数据的信息化指数。在日本信息化指数法的基础上，研究者又提出了一种扩展的信息化指数法。主要的改进之处是改进了指数计算汇总的数学方法，相较于采用原方法获得的信息化指数，采用扩展的方法得到的结果更加科学，信息保留更加完整。

6.1.2 信息化综合指数测评方法分析

以上这些在社会信息化发展历程中制定出的方案具有一些共同的优点：一是充分反映了当时信息社会的时代特点，适应当时社会信息化的发展前沿。在这些方案中采用的指标都是衡量当时社会信息化的重要指标，对于社会信息化发展具有重要意义。二是可操作性强，易于统计各指标值，可通过有关部门的资料进行统计也可通过问卷调查的方式对相关数据进行收集，保证了较高的数据可获得性。此外，采用这些方案易于对区域、组织信息化发展水平开展测评，并且便于区域之间的对比。

由于这些指标产生的年代已经比较久远，受到当时信息技术和社会整体发展水平的各种局限，其中某些方案在部分内容上已经不具备借鉴意义，不能直接用于当前信息化指数的计算。这些方案存在的局限体现在：第一，缺少理论基础。由于大部分方案在提出时，都没有对相关领域的文献资料进行分析总结，提炼出可用于实践的经验，大部分方案仅是通过专家讨论就确定下来的。目前，由于信息化指数的研究已经十分丰富，因此，有关信息化指数的研究需要以大量的文献资料为基础，经过分析总结，得出适应于时代发展前沿的指标，进而制定符合时代发展的方案。第二，忽略应用型指标。这些方案普遍重视的是信息化建设类指标，尤其是缺少信息化应用水平等重要信息的考量。这个特点与信息收集的难易程度密切相关。由于大部分的基础设施类指标易于统计分析，而应用类指标的数值不容易记录，受限于技术条件，大部分的应用指标数据无法大规模收集。第三，计算方法单一。上文提到的这些经典信息化指数，大部分是基于简单平均权重的综合指数，导致了计算结果相对粗略，计算过程容易受到过多主观意见的影响。尽管一些综合指数法在指标赋权上增设了计算步骤，使计算结果得到优化，然而这些计算综合指数的数学方法思路均大同小异，计算结果的客观性不能有效保障。

为了使研究更加科学合理，并且符合时代要求，避免上文出现的一些问题，本研究对于指标体系内容和计算方法进行了相应的处理。对于指标体系内容方面，即前两项不足之处，由于世界各地基础教育信息化发展水平存在巨大差异，所处发展阶段差别较大，而且由于各地区社会经济文化等方面的原因，基础教育信息化发展实践和发展背景在不同国家和地区不可同日而语，所以目前世界各国和国际组织对于基础教育信息化发展水平的评估和相关的指标体系尚未形成广泛的一致意见。本研究在开展基础教育信息化发展水平评估研究时，在指标体系的构建方面选择具有一定影响力的五大维度评估指标体系，并且在此基础上，对于具体指标内容采用具体地区具体分析的策略，增加了指标体系的灵活性。对于第三点不足，在指数计算方法上，本研究主要是通过采用多种综合评估方法，将计算得到的多个评估结果进行分析比较，选择一致性较高的评估结果，尽可能地避免评估结果过于片面，在一定程度上保证结果的可靠性。

6.2 综合评价理论与方法

6.2.1 综合评价的概念

在评估实践中，考虑到基于指标性能的信息综合方式十分贴近指标综合的内在本质，并且方法原理简单易于理解，评估者通常会优先选用基于指标性能的信息综合方式。这种类型的常见的信息综合方法有线性加权综合法、非线性加权综合法、增益型线性加权综合法、理想点法等。对指标赋权方法加以选择，即是对评价原则的一次明确，得到的权重都是对指标某种性能、性质、属性的反映。通过将权重信息与指标信息结合，由权重体现的评价原则就贯彻至评估结论中了。各个方法在相对适应的场合能够发挥其特有的优势。

线性加权综合评价是一种以加和为基本思想的综合评价方法。简单来说，就是首先将评估内容按照维度划分，形成一些独立的模块。然后，按照各模块的重要性程度，对各模块赋予不同的权重值，为每一个被评估对象在各个模块上给出分值。最后，通过线性加权综合评价方法，针对每一个被评估对象，将这些被赋予权重的各模块进行累加。直观上，评估结果是依据各个被评估对象的累计测量加以判断的，这种方法使得综合评价的结果更加鲜明直观。总体来看，线性加权综合评价首先采用的是分而治之的原理，将评估内容划分成可测量的多个子部分。其次是对各个子部分进行指数测量或计算，获得各个子部分的独立评价结果。最后，将各个子部分通过求和的方式再次聚集，这个过程并没有改变各个子部分的独立性，即便是对各个子部分赋予不同的权重，也仅是从外在改变各个子部分在集合中的外部影响力，即各个子部分在综合评估结果中的地位和分量。由于各个子部分的高度独立，因而从综合评价的最终结果里也能够很容易了解到各个子部分内部的发展水平。

线性加权综合评价类型的方法遵循同一原理，因而具有一些共同的特点，具体包括以下几点：（1）由于线性加权综合评价方法是通过累加得到评估结果，各子部分内容之间互不影响，保持相对独立，使评估结果较为完整地保留各部分信息。但是这种特性也会带来一定的问题，如容易造成评估结果中出现信息冗余的现象。因此，在利用线性加权综合评价方法时，要特别考虑评估内容各维度之间的独立性。如果各维度之间存在显著相关联系，则会使指标权重失去实质作用，导致综合评估结果出现较大的偏差。（2）线性加权综合评价方法的评估结果具有较高的稳定性。由于评估结果是经过累加得来，如果被评估对象在某一个或几个维度上得分较低，并不妨碍其他得分较高的子部分在综合评估结果中的作用。被评估对象在某一个或几个维度上的较高分数，并不会被其他低分直接抵消，所以这种方法对于被评估对象的短板并不敏感。（3）对于相同的数值来说，乘法运算对结果产生的效应远高于加法运算。因为评估指标加权的过程是通过一种乘法运算实现的，而对于各模块之间的信息汇总来说，是通过加法运算来实现的。单从运算方式上来看，权重作为乘数，在理论上权重的分配对评估结果的影响较高。一些权重分配值较大的子部分，对于评估结果的影响尤其重要，其对评估结果的影响甚至超过被评估对象在指标上的得分。因此，线性加权综合评价方法对于数值较大的权重是比较敏感的。根据以上分析可知，考虑到线性加权综合评价方法的原理和这些特点，在基础教育信息化发展水平进行综合评价的场合，适用于线性加权综合评价类型的方法。

与线性加权综合评估方法相对应的，是非线性加权综合评估方法。非线性加权综合评估方法是一种以乘法为基本思想的评估方法。由于是通过乘法运算将被评估对象的各子部分信息进行汇总，因而使得非线性加权综合法呈现出一些独特的性质：①由于在非线性加权综合评估方法中采用乘法原理，那么即便是指标之间呈现显著相关，也不会较大幅度改变评估结果。②如果采用非线性加权综合评估方法会更加容易检测出被评估对象的弱项。对于被评估对象来说，在某一个或几个指标上一旦存在较小的数值，则会对综合评估结果产生较大的影响。③由于加权运算和各部分指标汇总的运算都是采用乘法的形式，因此，在采用非线性加权综合评价方法时，指标权重的作用不如在线性加权综合评价方法中那样突出。④由于非线性加权综合评价以乘法为基础，为了避免发生这种信息汇集越多，而评价结果反而越小的现象，要事先对被评估对象的指标数值进行特殊的标准化处理。⑤与非线性加权综合评价法相比，非线性加权综合评价法在计算上相对复杂一些。对于非线性加权类型的综合评价方法来说，观测值越小的指标，越是影响综合评价的结果。这一现象可以用"木桶原理"进行直观的类比。这种评价方法对取值较小的评价指标是敏感的，而对取值大的评价指标的反应是迟钝的。从另一个视角来看，正因为具有这样的性质，评价者采用非线性综合评价法时，将有力地促进各评估对象在各个评价指标上全面、均衡、协调地整体发展，因而适用于衡量各评估对象的均衡发展水平。

6.2.2 综合评价方法

综合评价的最终结论依赖于数学评价方法的选择，也就是说，随着所选评价方法的改变，最终评估结果也会改变。这就意味着大部分可供选择的评价方案具有较高的不确定性。如何选择一个合理合适的评价方法从而得到合理的评价结果，是综合评价理论中的重要问题。可用于综合评估的数学方法种类繁多，目前大多数方法的应用仍然限制在实验条件下，距离在实际中的大规模推广使用还有很长的路要走。在综合评价研究中存在着一些最常用的方法，按照不同的评价思路可以分为主观评价法和客观评价法两大类。其中，主观评价法通常是指德尔菲法、层次分析法等；客观评价法种类较多，如简单线性加权方法、信息熵法、数据包络分析法等。主观评价法以评估者的主观意见为基础，评估专家的意见对评估结果会产生较大的影响。而客观评价法与之相对，考虑的是各指标数据本身的形态，根据数据的集中分散程度不同，不同指标在评估过程中的分量也有所区分。根据实际需要，有时会将主观方法和客观方法的评价结果按照一定的数学方法进行组合，形成第三大类的综合评价方法。从以上分析中可以看出，采用不同的评价思路，可选择的评估方法有很多，再加上方法之间的自由组合，最终得到的评估结果通常是一种不确定的结果。也就是说，采用不同的评估思路和评估方法，即便是对同一评估对象进行综合评价，也可能得到并不一致的评估结果。

各种综合评价方法自身原理的可靠性很难用理论证明。在不同评价方法之间，也难以从数学的角度加以分析比较。况且，在不同的评估环境中，对评估方法的适应性也有一定的要求。此外，在评估方法的选用上，还需要考虑被评估对象在指标数值上的具体情况。因此，很难挑选出一种绝对适合于多种场合的评价方法。那么，对各种评价方法的优劣判别自然会成为研究的一个热点，有必要从理论上对这一问题进行进一步的研究探讨，以提供切实可行的解决方案。由于各种方法的提出都有其特殊的背景和适用意义，因而会有适合自身评价系统的应用范围，并具有一定的合理性。因此，各种评价方法的优劣没有绝对的辨别标准。单独考虑评估方法本身的原理也不能称为是一种科学的做法，因为还需要考虑方法与评估对象指标数值上的匹配以及一些主观上的评估需要。在评估实践中，单独地采用某一种特定综合评价方法，无法证明评估结果的可靠性。为了尽可能地避免这一问题，使实际评估结果更加可靠，研究者们提出了重新利用若干种综合评价结果的构想，将若干种评估方法结合，得到多种评估方法组合的评估结论。但是，并不是所有的综合评估方法都能适用于组合评价中。由于各评估方法的应用范围本身就存在一些限制条件，各评估方法有可能对评估场合和评估对象存在一些特定的要求，而这些限制条件和特定要求因方法而异，在各个方法之间并不总是呈现统一的状态。因此，在某些评估方法能完全适应的评估场合中，其他方法则有可能无法充分发挥自身的优势。此外对于另外一些方法来说，由于运算机制的限制，有可能完全无法应用。在这种情况下，如果将评估方法不加选择地直接组合，那么所得的组合评估结果的优势可能会无法得到保证。如果各个评估方法所得评估结果差距太大，也同样会减损组合评估的价值和意义。因此，在对各种不同的综合评估方法进行组合之前，首先需要对这些方法的相容性做出判断。通过相容性检测的方法才是适合用于组合评估的方法。不能通过相容性检测的方法，如果任意加以组合，则不会增加组合评估结果的可靠性。一些研究者通过对各评估方法的飘移度进行测度，使评估方法的选择准则简化为定量的标准，通过飘移度检验的评估法可以作为适合的评估方法应用于组合评价中。

6.2.2.1 漂移度测算原理

对不同评估方法的飘移度进行测算的主要原理作如下说明。测算步骤整体上分为三部分，第一部分是数据准备，主要是利用各个评估方法分别独立地对被评估对象进行评估。收集通过各评估方法得到的评估结果，为了消除不同评估方法所得评估结果产生的不同量纲问题，对所有评估结果进行标准化处理。

第二部分的主要任务是筛选出相容的评估方法。筛选相容评估方法的过程采用定性与定量相结合的方法。首先，通过人为的直观判断，将明显不相容的评估方法剔除，将余下无法判断相容性的方法进行定量分析。采用人工剔除的方式，一是为了简化后续的定量运算，二是为了避免由于数据过于杂乱造成的干扰，使后续的聚类分析等定量计算结果更加精准。其次，对剩余的评估方法进行聚类分析。将聚类数量设置为两类，通过调节参数，使其中的一个聚类中仅包含一种方法，其他所有方法均在另外一个聚类中。引入相关系数，考察单独成一类的这个评估方法与另外若干种评估方法之间的相关程度。如果这个评估方法与另外一个聚类中的所有评估方法的评估结果是显著相关的，则判定这个评估方法应该属于相容方法集中的一个。如果这个方法与之没有显著的相关关系，则将这个评估方法剔除。按照同样的方法对其他评估方法逐一检验，直到所有评估方法均检验完毕，所生成的相容方法集中的所有评估方法，就是可以用于组合评估的方法。

第三部分主要是对飘移度进行测算。这一部分的主要任务是将各个评估方法的飘移度进行量化表示，目的是为后续的方法组合做准备，为确定各个评估方法在组合评估中的地位份量提供量化的参考。具体的做法是将所有相容方法的评价结果的平均值作为基准，分别求出每一个评估方法与基准值之间的相关系数，最后依据所求得的相关系数，计算每个评估方法的飘移度。

6.2.2.2 数据计算结果与分析

首先，利用 Matlab、Yaahp、SPSS 等工具，分别计算层次分析法、CRITIC 法、组合赋权法、灰色关联度法等方法的评价结果。通过以上各评估方法得到的评估结论存在量纲不一致的问题，因而对这些结论进行对数形式的标准化处理，计算得到的标准化评估结果。其次，按照第二部分处理流程的步骤，验证各方法的相容性。对于四种评价方法的评价结果，由于无法从直观上排除明显不一致的评价方法，因而采用聚类分析的方法验证各个方法的相容程度。经过第一轮聚类分析，将四种评价方法分为两类，其中灰色关联度分析法单独成为一类，其他三种方法聚为一类。为了进一步验证单独成为一类的灰色关联度法与其他所有方法的相容程度，对其他三种方法的评价结果取平均值，并将此平均值向量与灰色关联度分析的评价结果向量进行相关分析，分析结果显示两者之间显著相关。因此，可以得出采用的四种评估方法互为相容方法，可以用于开展组合评估。最后，计算出经过标准化处理后的相容方法评价结果的平均值，再分别求各个评价方法的评价结论与平均值的相关系数 r，得到各单一方法评价结论的漂移度（p=1-r）。根据实验结果，采用这四种评价方法进行评价所得评价结果是相容的，并且计算所得各个结果的漂移度很小，适合用于对本次调研数据进行综合评价。各单一评价方法的评价结果漂移度大小关系为：层次分析法 <CRITIC 法 < 组合赋权法 < 灰色关联度法。

6.2.3 组合评价方法

各种评价方法的优劣没有绝对的辨别标准，单纯从方法机理上判别方法的优劣并不科学。鉴于这样的情况，研究者们提出了重新利用若干种综合评价结果，得到多种评估方法组合的评估结论的构想。学者们认为采用组合评估的方法能够在一定程度上保证评估结果的相对可靠性。具体的做法是分别利用多种综合评估方法对被评估对象进行独立评估，然后借助于数学方法将这些独立的评估结果再次组合。

各种综合评估方法均存在一定的优势，同时又因为各个方法不可避免地存在片面性，使得应用这些方法得到的评估结果一般仅体现出各个方法的某一方面的优势。因此，在评估实践中，对各种独立求得的综合评价结果进行二次组合，可以实现各个方法的优势集结。此外，由于权重设置的不同，不同的评估方法对于评估内容的重点也各有不同，所得的评估结果一般会有所侧重。如果只采用一种综合评估方法，会在一定程度上造成信息量的丢失。从这个意义上来说，对评估结果进行二次组合能够使评估的视野更全面，评估结果更系统，从而更能反映被评估对象的全貌。进一步采用组合评价法寻找"相对满意的评价结果"。有研究者提出了基于整体差异的组合方法，该方法能够在可能的范围内，最大程度地显示出被评估对象之间的差异。基于这一组合评估方法，开展基于组合评估方法的综合评估。

基于整体差异的组合评价的基本原理是一个规划问题，在约束条件下计算组合权向量的最大特征值及最大特征值对应的特征向量，将 m 维的评价结论空间 Y 向一维组合评价结论空间 Z 做投影变换，即选取由 I 确定的投影方向使得 Y 投影至 Z 中的 n 个组合评价值的样本方差最大，将变换结果用于被评估对象的组合排序。计算过程主要包含以下三个基本步骤：首先，将各评价方法的评价结果进行 z-score 标准化处理，得到标准化的评价结果矩阵。其次，将该矩阵的转置矩阵与自身相乘，得到一个实对称矩阵。求出此实对称矩阵的最大特征值，以及其对应的特征向量。最后，根据求得的特征向量的具体情况，对特征向量的数据进行特定的正向化处理，作为各评价方法在组合评价结果中的权重系数。在此基础上，利用这一组权重系数将各评价方法的评价值进行组合，得出组合评价结果。本节中所用的数据和方法是延续上节中实验部分的内容。对四种单一评价方法进行组合处理，并将组合评价所得评估结果与单一评价方法所得评估结果进行分析比较。在标准化结果矩阵的基础上，求出该矩阵的转置矩阵，并将转置矩阵与自身相乘，计算得出相应的实对称矩阵，进一步求出该实对称矩阵的最大特征值所对应的特征向量，并对其数据进行正向化归一化处理，得到组合权重向量。最后，利用这一组权重系数将各评价方法的评价值进行线性组合，得出安徽省数据的组合评价的计算结果。

分析各评估方法的评估结果与组合评估结果之间的相关性，进而对组合评估方法的有效性进行验证。如果组合评估结果与各评估方法所得评估结果之间显著相关，则代表组合评估结果通过一致性检验，即组合评估方法是有效的。计算各评价方法之间的相关系数 r，分别用 U* 表示组合评价法，用 U_x、U_h、I_w、U_d 表示四种评估方法。计算各评价方法（包括组合评价法）综合评价值之间的相关系数，以安徽省数据计算结果为例，可以看出，相比于其他四种评估方法，基于整体差异的组合评价法与各相容评估方法之间的平均相关系数最高，也就是说，采用组合评价法得到的评估结果一致性最高，组合评估法的有效性得到验证。

根据多组实验结果，组合评价法、主客观组合赋权法、AHP 法、CRITIC 法的一致性程度较高，而灰色关联度分析法的一致性程度较低。一致性程度较高的评价方法在组合评价结果中具有较高的权重分量，而一致性程度较低的评价方法在组合评价结果中具有较低的权重分量，组合评价法能够显现出甄别高低档次的效果。总体来说，基于整体差异的组合评价法具有以下优势：在组合中强化一致性程度较高的方法，弱化一致性程度较低的方法；选用评价值进行组合，而不采用排序进行组合，最大限度地利用了评价结果的信息，组合结果更加精确；突出了数据驱动评估的客观评估思想。利用组合评价思路构建的评估方法提供了一种对评估方法的有效性进行验证的思路。

7

MOOC 的创新特征及扩散价值

在对 MOOC 及其创新扩散的本质内涵进行解读之后,有必要回答 MOOC 在高等教育系统中是否具有应用、革新及推广的合理性,亦即 MOOC 的高等教育价值何在,其与传统教学的深度融合能否有助于提升教师教学水平以及传统教学和在线教学的质量。因为具有重要影响的创新事物之固有特征和价值是其能够创新扩散的前提条件,认知某一事物的创新特质,有利于减少在实现理想目的的过程中产生诸多不确定性。MOOC 是世界开放教育历史发展过程中的新产物,不仅代表了在线教育的发展方向,而且为传统高等教育的变革带来了巨大的挑战和机遇。MOOC 自身的教育价值和带来的教育变革,有些已经发生,有些正在发生,有些是可以预知的,有些可能是迄今为止都无法想象的。因为信息技术、教学设计和教育产业的运营模式时时刻刻都在革新,其在未来的发展过程中具有不可预见性,所以 MOOC 的教育价值及其潜在的教育影响也具有一定的不确定性。本章仅从破坏性创新视角对 MOOC 的创新特质及其对高等教育改革已产生的及潜在的影响进行分析,以期从客体价值层面探讨 MOOC 创新扩散的动因及内在逻辑,同时对上述问题进行解答。

7.1 技术创新扩散的基本属性

根据创新扩散理论,相对优势、相容性、复杂性、可试性及可观察性是创新事物的基本属性,决定了创新被采纳的速度与程度,是考察某种技术能否创新扩散的五个变量。相对优势指的是技术创新相对于原有事物所具有的先进性或超前性,创新技术本身具有的先进性或超前性越高,随之而来的不确定性和风险性就越大，其被认可的时间也就越长，但一般投入使用后产生的利润也越大。相容性是创新事物与现存价值观或潜在创新采纳者之需求相一致的程度，创新的预期收益越大，对采纳者就越具有吸收力，但由于考虑到创新的风险性，采纳者往往是对成本和收益进行比较之后再作出决策。复杂性指的是理解和使用某种创新的难易程度，创新事物的结构越简单，适应性越强，越容易扩散，复杂的创新往往需要经过一段较长的应用过程方能扩散，但一旦被采用，对于绩效的提升作用是很大的，产生的收益也很高。可试用性是指技术创新在一定情景下可被试用的程度和能力，有助于促进采纳者对创新事物的认知，减少创新结果不确定性和风险性。可观察性指的是技术创新的结果可以展示给他人的程度，亦即技术之应用效果、效率和效益的易观察性，往往与创新扩散的速度成正向相关的关系。

从五个变量的内涵来看，相对优势和相容性是创新事物的主要特征，比其他变量更容易影响技术的扩散速度和程度。首先，人们对创新的认识具有一定的主观性，这种主观认可来源于创新的特定用途，相对优势是技术在应用的时候，人们要考虑的首要因素。如果某种技术和其他事物相比，并不具备显著的优越性，那么也将难以投入使用。在某种意义上，创新技术使用的复杂程度、可被试用程度和使用效果的易显见程度都可以作为其自身优势的一部分。另外，相容性也是促进创新扩散的关键因素之一。因为创新意味着一定程度的变革，所以技术创新应与社会系统的现实基础和制度基础，或者未来的发展需求尽可能地兼容，这样才能降低采纳主体的参与负担，使他们把参与创新和实现自我价值统一起来，在价值理念上对创新给予认同与支持，大大推动创新技术的社会推广进程，增加其在社会系统中创新扩散的机会。因此，对于MOOC而言，其相对优势及其与高等教育系统发展需求的相容性至关重要。

7.2 破坏性创新的特征与扩散模式

破坏性创新理论核心意义在于：行业发展到某一阶段，就会出现破坏性技术与商业模式，瓦解主流市场，使得在位企业失去竞争优势，这是产业发展和企业运营的客观规律，任何行业领先者都无法回避。与维持性创新相比，破坏性创新具有四个显著特征：第一，创新产生的前提是主流市场产品或服务的性能过剩，无法为消费者提供便捷的方案；第二，创新发端于低端市场或非消费领域；第三，产品具有功能简单、物美价廉、便捷易用等特点；第四，创新组织规模较小，通常为新兴的中小型企业，它们创建了新的价值网络，重新定义了产品的质量和应用情境。由于技术进步和市场驱动，创新扩散往往起源于消费者的需求。维持性创新的需求源于消费者对主流产品性能的不满，从而驱动企业寻求改进产品性能的技术或途径。破坏性创新的需求源于主流市场产品或服务的性能过剩，亦即产品复杂性和价格的提升，一方面使主流消费者（或中高端消费者）不愿意为过高的价格买单，另一方面使非主流消费者（或低端消费者）越来越不具备使用该产品的能力，从而倾向于消费与使用更加简单、便捷和廉价产品。破坏性创新对技术要求不高，一般不需要研发新技术，只是对现有技术的重组或改良，开发的新产品一开始也只是为了满足非主流用户或低端用户的需求。通常，这类群体是破坏性创新的早期采纳者，对产品性能要求并不高。新兴企业会根据早期采纳者的反馈意见，进一步改进技术，提升产品性能，当新产品能够满足大多数消费者的需求时，就会吸引市场中的主流消费者，实现大规模的创新扩散，从而形成新的主流技术与行业市场，颠覆现有的在位企业。

7.3　MOOC 的破坏性创新特征

作为在线课程，MOOC 的创新性并不只在于预习文本、视频、练习题、测评系统、交互式论坛与学习社区等"Online"特征，这些元素在我国 68 所网络学院的在线课程中都可找到，MOOC 中亦尚未呈现出任何新媒体技术的运用。那么，为何 MOOC 能引发如此广泛的关于教学改革的思考与讨论呢？2010年，联合国教科文组织在《信息技术变革教育：区域指南》（*ICT Transforming*

Education : A Regional Guide）一书中指出"教育信息化需要跨越'出现''应用''融合'与'转换'四个阶段，这是由技术工具和教学方法相互的发展与进化所推进的"，由此可见，教育理念与信息技术的互动发展是信息技术变革教育的必要条件。另外，网络课程的发展离不开良好的商业运营，这在 Coursera、edX 和 Udacity 三驾马车上已得到确切的证实。今日的 MOOC 便是信息技术、教育理念与商业运作三者有效结合的产物。基于此，本研究认为 MOOC 为高等教育信息化带来发展契机，原因在于其自身具有不同于以前网络课程的创新特质，其创新扩散的整个过程集聚了教育学家之学习智慧、IT 专家之技术智慧与企业家之商业智慧。为此，结合破坏性创新的基本特征，讨论 MOOC 的创新特质及其对传统高等教育的破坏性创新潜力，需要考虑四个问题：传统高等教育的性能或服务是否出现了相应问题，为 MOOC 的兴起发展提供了思想基础。MOOC 如何将课程从复杂的高等教育系统中抽离出来，使之成为简单易用、价格低廉的教学资源，其本质的教学创新和技术创新是什么。MOOC 是否具有新的非传统教育用户，以开辟新的课程市场。是否有新兴机构承担 MOOC 的运营，是否具备创建新市场的策略和持续的运营模式。依据破坏性创新理论，对 MOOC 的创新扩散过程进行分析，认知 MOOC 的破坏性创新特征，有助于对上述问题进行解答。

7.3.1 MOOC 兴起的国际背景与思想基础

MOOC 的兴起与发展是多种因素共同推动和作用的结果。高等教育大众化时期的教育需求增加，性能过剩，成本提升，质量下滑，传统大学无法提出合适的解决方案，是 MOOC 兴起的重要背景因素。当代大学生是个性化极强的认知主体，具有多样性的知识需求、先进技术的访问能力和高深知识的学习能力，注重学习的有效性，需要随时随地获得优质的学习资源，以满足其个性化的学习需要。然而，随着高等教育大众化进程的不断推进，高校的规模效益日益提升，优质教育资源严重稀缺，教育质量明显下滑已是不争的事实。并且，市场经济的发展使得大学的公司化倾向日益明显，教育职能不断扩展，管理与服务部门不断增设，经费开销逐渐增多，教育成本日益增加，学费持续提升。

集中的地点和昂贵的学费加剧了教育鸿沟与知识鸿沟,教学质量和大学学费之长期的不匹配使人们难免对高等教育价值产生质疑。2011皮尤年度报告指出"57%的美国人认为美国大学没有提供与学生学费等值的教育"。约翰·丹尼尔(John S Daniel)认为如果要满足世界的高等教育需求,那么从1996年开始每周都应建立一所具有一定规模的大学。显然,任何高等教育系统都负担不起这样的成本,也不可能获得如此巨大的经费支持。

长期以来,大学都秉承这样一个假设:若教师精通某门学科,则他(或她)就能从事这门学科的教学,教师的学科知识和学术水平越精湛,其教学能力就越高,而对资源投入(如师资、经费等)与学术成果(论文、项目、专著等)的量化考核也能间接评估高校教学质量。研究水平和成果逐渐成为了大学教师聘用、职称晋升和学术声望的重要标准,教师自觉或不自觉地把主要时间和精力投入到科研上,忽视了教学水平的提升和教学方法的改进,过于强调知识灌输,以致不同学校、不同教师的课程很难找出明显差别,高深学问及其传递方式趋于同质化。在质量保障方面,高校又过于注重对学生学习成绩的监控,造成了教学方法的单一化和评价方法的标准化,显然无法满足学生的多元化需求。在这种情况下,MOOC恰好平衡了大学课程成本与教学质量之间的矛盾。一方面,为那些经济困难的学习者提供了能够在更开放的环境中获得优质课程资源的机会,而且是较为便宜的方案;另一方面,作为可扩展的课程资源,建立了一个多元的生态学习环境,在一定程度上取悦了学习者,满足了其潜在的学习需求,弥补了传统的单一面授模式的不足。

7.3.2 MOOC的教育技术创新

与复杂的大学教育相比,MOOC运用信息时代的学习智慧和技术智慧将课程从复杂的高等教育系统中抽离出来,使之成为功能简单、便捷易用的学习资源,为用户提供了相对廉价的教学服务,并鼓励一切非商业用途和非侵犯版权的复制、应用和推广行为,其资源获取和应用的限定条件也很少,任何人只要有终端设备,能联网,具有一定的知识基础和信息素养,就能参与学习。信息时代的学习科学认为学习是在真实的自然和社会环境中发生的,具有极度的复杂性，关于学习的研究不仅应关注真实情境下学习本质与生成机制，更要借助信息技术（尤其是智能技术）模拟真实情境，创设有效的学习环境，促进有意义的学习。关联主义认为传播知识的"通道"与知识的内容同样重要，学习是个体通过网络（如虚拟社区或索引）与他人不断交互的过程，这种学习观念打破了时空的界限，使得学习在世界范围内具有意义。基于关联主义的cMOOC允许对同一主题感兴趣的学习者在某领域的专家或教师的指导下通过自组织的形式连接起来，"形成合作小组，不仅在课程的学习过程中进行合作，还能在课程结束后继续合作，进而扩展到更广泛的学习社区"。行为主义和认知主义重在知识内容的传授，建立在行为主义和认知主义理论上的xMOOC让学习者通过网络按照预先安排的学期、课程进度和内容来学习，但和早期的"刺激—反应—强化"的教学软件不同，xMOOC通过大量的预习资料、微视频、形成性测验、自动测评系统、考试以及富有弹性的教学管理来组织课程教学，同时设有讨论区以满足师生的个别化交互，在实现"刺激—反应—强化"等学习效果的同时进行了名校课堂的"网络迁移"，赋予了学习者一种类似于传统学校的学习环境、学习方式和师生关系。建构主义认为学习是学习者在原有知识经验的基础上，在一定的社会文化环境下，主动地进行信息加工，建构知识意义的过程。tMOOC以行为—认知主义和建构主义学习理论为基础，更加强调学习情境的多元性和学习任务的真实性，通过精细的教学设计和学习环境的建构，引导学习者在独特的信息加工活动中达成任务，解决现实问题，深度学习。由此可见，MOOC汇集了诸多教育学家的教育智慧和IT专家的技术智慧，进而促进其形成最本质教育技术创新——开放性及可扩展性。

由于受政府、校友、学术声誉及建设成本等多方面因素的影响，传统大学一直规避开放自由的市场竞争。MOOC是开放教育运动的一种自然延伸，其教育理念在于将本土的优质教育资源传递到世界每一个角落，在强调品牌效应的同时免费发布课程，突破人口、经济与时空的限制，使任何人都可以按照自己的意愿和计划，随时随地参与学习。这种开放性对传统大学课程与教学模式之"破坏"着重体现在两个方面。一是推动了学习方式、交互方式和教学方式的转变，强调学习者是教学的主体，强调学习者与学习内容的交互、学习者与教学者的交互及学习者之间交互的价值与作用，强调教师是学生学习的引路人和促进者，强调教学职能不仅是知识讲授，还是组织设计教学活动和提供学习支持服务，促进有效教学和深度学习。二是以较低成本传递、共享与扩散优质的教育资源，为学习者推送更加丰富的课程内容，提供了更加灵活的学习形式，不但增加了其学习机会，而且给予了其学习的自治权，使其主体地位得到了前所未有的重视，充分满足了其个性化与多样性的学习需求。MOOC是"扩展性技术、学习科学和复杂社会之教育需求共同作用的产物"，其可扩展性具体表现为大规模性、大数据性和模块化设计三个方面。"大规模"并非具体的学生数量，而是课程容量的可扩展性，亦即"在不对任何部分或学习活动体验造成重大破坏的前提下，课程所能容纳的最多的学生数量"。由于时空、经费、人力等诸多因素的限制，传统大学课程规模扩展的同时导致了优质教育资源的稀缺，尽管具有一定的规模效益，但未能提供高质量的学习体验。相对而言，MOOC的这种可扩展性在规模和质量上均能得到一定的保障。大规模的课程容量和学习参与意味着MOOC教育的大数据化。传统教学的评价机制往往仅停留在学习者个体的认知层面，而MOOC中的大数据挖掘与学习分析不但重视学习者个体的行为与经历，而且更加关注其群体学习特征，重视对学习者整体变化趋势的评价与分析，并有针对性地调整教学策略，制定教学决策，以期促进学习者群体的凝聚力、归属感和学习动力的生成与保持，建构大规模的学习群体。另外，通过各种技术手段（如视频技术、移动技术），MOOC将课程内容从复杂的高等教育结构中解放出来，使之成为了简单易用的碎片式课程资源，课程内容被合理地拆分成知识点，以知识颗粒的形式嵌入到讨论主题、交互视频或学习任务等各种模块之中。这种传播方式类似于资深媒体人罗振宇提出的互联网时代的U盘式生存方式与核心竞争力，即"自带信息，不装系统，随时插拔，自由协作"。在这种设计中，各种资源不依附于任何课程体系，它们之间的组合与协同作用清晰易懂，并可在不同的教与学情景中形成多种变式，不仅有助于提升学习资源的传播速度，扩大扩散范围，节约课程成本，简化教学设计，更新教学内容，使学习变得弹性、灵活，而且打破了多年来传统高等教育以课程体系为核心的教育模式。

7.3.3　MOOC 的目标用户与消费领域

MOOC 吸引了多种多样的学习者，他们承担着不同的职责，带有不同的目的和期望。2015 年 12 月 10 日，Coursera 发布了关于 MOOC 学习者及其学习成果的研究报告。该研究对 51954 名完成了三个月或三个月以上课程的学习者进行了调查。调查数据表明，61% 的学习者认为他们获得了教育收益，72% 的学习者表示他们获得了职业收益。为此，我们有理由认为 MOOC 对于学业进步和职业发展均有帮助，其潜在用户主要可划分为两类，包括学业导向的学习者和职业导向的学习者。从年龄和学历构成看，前者是高等教育的寻求者，主要群体是在校大学生或其他学习爱好者，构成了学业 MOOC 市场；后者是职业的建构者，主要群体是高校之外的在职人员，构成了职业 MOOC 市场。从学习动力来看，前者企图利用 MOOC 进行教育深造，如希望获得学分、证书或免修预科项目资格，提高入学成功率；希望代替本校课程的学习，获取某个领域的专业知识，加深对高深学问的理解，建构或更新知识体系；探寻并确定新的学习方向或研究领域。后者则希望通过 MOOC 迅速获得某专业领域的知识，掌握实用的工作技能，提升当前工作的胜任力或新职位的竞争力，获得升职加薪，找到新工作或者开展新事业。

越来越多的研究强调大学毕业生与 21 世纪经济社会人才能力需求之间存在差距，未来社会需要大学毕业生具有更加广博的知识体系、更高的工作悟性、开展合作与创造性解决复杂问题的能力，高等教育系统需要逐步转变，以适应不断更新的期望。在这高等教育工具化的性质日益加深，职业教育的倾向越来越明显，而传统高校尚未对此迅速作出反应的时期，MOOC 恰恰为此提供了可行的方案：一方面，满足了在校大学生多样化的学习需求，为其巩固、更新知识体系，接受职业训练提供了机会；另一方面，吸引校外用户接受高等教育，使其不需要重回校园就能在短时间内获取高质量的课程资源，提升职业能力。由此可见，MOOC 反映了社会大众对优质教育的追求，在一定程度上满足了除大学生之外的非传统意义学习者的学习需要，从而自然吸引了高等教育领域之弱势学习群体（如非一流大学学生、职场人士及其他终身学习者）的加入，获得了新的目标用户，开辟了不同于传统学位教育的课程市场。

7.3.4 MOOC 的运营方式

目前，国际上具有代表性的 MOOC 机构有美国的 Udacity、Coursera、edX、欧洲委员会的 OpenupEd，英国的 Futureleam，澳大利亚的 Open2Study，德国的 Iversity 和中国的"学堂在线"等，绝大部分创建于 2012 年前后，属于新兴的中小型企业或教育平台。前者是营利性的商业组织，致力于与企业和大学展开合作，开辟职业 MOOC 市场，满足学习者群体职业培训需求，如 Udacity、Coursera 等；后者是非营利性的教育项目，依托于在位的高等机构，探索如何利用在线教学模式，建立跨校学分转换机制，服务大学教学，有效改善教学质量，如 edX 等。这些机构通过提供 MOOC 资源，不但发展了适合网络时代的学习理论与学习模式，而且将"互联网+"的商业理念引入高等教育领域，构建了新的高深知识产业链（生成、存储、整合、共享及应用），并为在线教育的发展提供了有效的运作模式，其蕴含的商业智慧具体表现在三个方面。

第一，MOOC 的实际运营是在专业化课程团队的管理与协调下展开的，这与传统课程中"一个教授＆若干助教"之团队模式明显不同。MOOC 的课程团队可认为是以 MOOC 机构为轴心，由在线教育投资者、课程内容提供者、课程服务提供者及物理环境建设者等各种动态联动、协同创新的主体构成的教学共同体。其中，MOOC 的运营机构是课程的建设者和资源的整合者，构建课程学习环境，整合所有学习资源；在线教育投资者为 MOOC 机构提供长期的经费资助和管理协助；课程内容提供者是授课教师及其教学团队，负责课程讲授、教学设计、教学组织与教学评价的所有环节；课程服务者为整个在线教学的过程提供服务，如课件开发、视频制作及考试服务等；物理环境的建设者包括基础设备和教学辅助工具提供者，前者负责提供保证 MOOC 平台顺利运行的硬件和软件，如服务器和 MOOC 自主产权的软件等，后者提供的是教学工具，用于知识的有效传播与共享，如 Wiki、社交网站、播放器、阅读器及翻译工具等。

第二，MOOC 是源于"名校名师"的高质量课程资源。建立适应性的认证机制，直接对课程本身和学习成果做出评价，以确保教学质量是其得以长足发展的基本逻辑。例如，Coursera推出了专项课程（Specialization）证书，Udacity推出了微学位（Nano Degree）证书，edX推出了X系列（Xseries）证书，其目的都是分享优质的课程资源，促进大学与大学之间的学分转换，企业和大学之间的知识流动，保证学习者学习成果的公信力。这种成果导向的认证机制打破了高校学位课程之投入导向的间接认证机制，在一定程度上有效缓解了教育市场和就业市场长期存在的信息不对称的矛盾。

第三，MOOC采用了一种"免费共享&增值服务"的商业模式。这里的"免费共享"指的是整个学习过程是免费参与的，用户可以免费学习和比较不同的课程，从而挑选出适合自己的MOOC。学习者是平等的个体，任何学习者都希望也有机会接触一流的教师，学习一流大学开设的课程，而MOOC恰恰为所有人提供了免费获取优质课程资源的机会。为此，对于那些"非顶尖"大学的学生及非高等教育消费者但又渴望接受高等教育的人而言，MOOC无疑是一个更能满足其知识需求的平台。然而，若要既满足学习者的知识需求，又要满足其学分、证书、学位等其他需求，"免费"的商业模式恐怕无法实现。这些额外的产品和服务呈现为MOOC的收费项目，包括证书或学分的授予、课程的版权费、植入性广告、雇主的学生信息咨询费、付费形式的作业评价或考试等。这就是所谓的"免费共享&增值服务"的商业模式，其成功的关键在于"产品对用户的吸引程度以及用户对免费产品的消费，而这需要提供一个平台来针对一些用户销售收费的产品或服务；当使用免费产品的用户不断增加时，对收费产品或服务的需求也相应增加了"，Google和Twitter都采用过这种模式。例如，Coursera提供的免费课程通常不包括学分，一旦有课程被纳入大学的学分体系时，这些课程就成为了收费项目。对于学习者而言，这种"免费共享&增值服务"实际上是一种"先体验后收费"的商业模式，是对传统大学之"先收费后体验"模式的一种翻转。而MOOC在与企业或大学展开合作的同时，也把成本从学习者转移给了雇主或高校。由此可见，优质的课程资源与免费的获取方式是MOOC持续吸引大规模学习者的源动力，增值的收费模式在此基础上进一步扩大了MOOC的市场份额，收获了大学与商业机构等伙伴，从而开辟并占据了与传统高等教育有所交叉又不尽相同的课程市场与目标用户。

7.4 高等教育领域 MOOC 破坏性创新的特殊性

高等教育是一种特殊现象，破坏性创新理论不能对其进行完整解释，新兴企业取代行业领先者的现象在高等教育系统中亦十分罕见。事实上，MOOC 的产生并非偶然，它不是激进的革新，而是现代大学教育发展趋势和思想观念的自然延伸，是高等教育日益普及与开放的必然结果。MOOC 与大学之间并非取代或彻底颠覆的关系，而是一种互利共赢的关系。

从市场影响来看，大学的主流市场是学位市场，亦即如今的大学之最核心的竞争力体现在它是高等教育学位之唯一授予机构，能够为那些达到入学标准的学生提供教育服务，授予学位。长期以来，大学拥有了专业化的学术团体、崇高的学术自治权力以及制度化的职能部门，从而拥有了对知识技能与能力标准的认证权力，理所当然地具有学位授予方面的垄断地位，而且这种地位获得了法律法规的保障、政府的支持与社会的广泛认可。为此，"大学能够维持公众的信任，保证学位的价值，给予毕业生社会大众的认可与尊重"。MOOC 的产品是课程，形成的是"进入高等教育学位市场的课程市场"。如果把大学比作汽车制造厂，那么课程就是生产制造的重要环节，如果把学位比作汽车，那么学分就是汽车上的零部件。汽车制造厂可以通过引进优质零部件的方式来制造汽车，大学也可以认可学生从校外获得的学分，并参照学分换算标准决定是否授予学位。MOOC 恰恰为高等教育提供了一个与制造行业类似的机会，即通过使用廉价的优质的网络课程资源提升学位质量。基于此，我们有理由将 MOOC 与大学之间的关系问题聚焦于 MOOC 对大学学位课程的影响层面，并认同其对高校课程模式与教学结构的破坏性和创新性。

从教学效果来看，MOOC 尚不能完全实现关于高深学问的深度学习体验。高等教育与其他层级教育的本质区别在于学习内容的不同。高等教育研究和传递的是高深学问，即位于教育体系上层的、突出的、深奥的、含混不清的学问，它处于已知的状态或已知与未知的交界处，深奥神秘，难以掌握。高等教育阶段的学习本身是一种产生、分享和应用只有内行才懂的高深学问的过程。高等教育的核心目标不仅是帮助学习者获得知识和信息，还在于促进其形成能力（如语言表达能力、人际交往能力和团队协作能力）与专业精神，发展高尚品德，健全自身人格，塑造独特个性。而这只有学习者通过与教师和同伴之间的互动才能实现。"群体的支持对人们学习的内容与方法具有更加重要的意义。"目前，大多数MOOC的性能还仅仅体现在知识的传播上，而且过于强调"有意义的接受式学习"，忽略了反思学习、探究式学习与协作学习。而这些学习模式更有利于高深知识的获得、高阶能力的培养和学术思维的形成。从这种意义上看，MOOC是否有利于能力和素质的形成还有待商榷。为此，只有当MOOC的平台功能和教学设计不断改进与完善的时候，如融入各种社会性交互软件，或采用MOOR等新型学习模式，建立大规模在线交互学习环境或研究环境，它才有可能给学习者带来关于高深学问的深度体验，从而真正造成对传统高等教育系统的破坏性创新。从教学系统的性质来看，高校教学系统历来具有极强的"混合性"价值取向。高等学校是一个自为性非常之高的教育系统，始终处于一种"有组织的无序状态"，具有目标的模糊性、技术的不确定性及人员的流动性等特征。在课堂教学层面，这种技术的不确定性表现为教学内容、教学方式及教育技术的多样性与独特性。也就是说，教师通常在各种教学理论的指导下运用自己的教学方法，传递不同性质的高深学问、技能及价值观；学生通常基于不同的学习需求、学习兴趣、学习方式、学习能力和学习步调接受或建构高深知识。为此，功能单一的教学模式或课程资源在高校很难立足。MOOC本质上是高质量的课程资源，注重"名校、名师、名课"的集中、开放与共享，在某种意义上具有"借名得名"的效应。尽管具有诸多在线教学的优势，MOOC仍不具备完整的学习过程和教学价值，不能完全替代传统教学，只能作为其有效补充，在一定程度上为高校开展混合教学创造了新机遇。诸多研究与实践证明，基于MOOC的混合教学模式具有显著效果。由此可见，MOOC与高校教学之间存在一种互惠互利的关系，在适当的教学法和教学设计的作用下，MOOC有利于促进高校教学质量和教师教学水平的提升，在一定程度上为高等教育系统的维持性创新带来了机遇。

基于以上分析，可以看出MOOC在高等教育领域的破坏性创新具有特殊性，进而形成了其创新扩散的内在逻辑：一方面，MOOC以破坏性创新的方式创造了新的课程市场，在课程教学、目标用户、运营机制和价值网络等方面对高校学位课程系统和高深知识产业链条形成了一定的颠覆之势，短时间内实现了教育资源大规模的共享扩散，最大限度地促进了教育公平。但是，MOOC创造的是课程市场，不是学位市场，与高校在市场层次上具有不对称性，而且MOOC之学习体验亦十分有限，所以其破坏力具有一定的局部效应，不能完全取代传统大学及其教学系统。只有从独立的单门课程跨越到学分系列课程，甚至是在线学位教育，同时促进有意义的学习，MOOC才有机会对传统高等教育教学系统带来真正意义上的颠覆。另一方面，由于教学功能的互补性，MOOC意味着在线教育对人类学习方式的创新，并逐渐应用于混合教学等多种情景，为高校教学改革创造了新机遇，有利于高等教育格局的转变，同时促进整个高等教育系统的维持性创新。

7.5 MOOC对高等教育教学系统的影响意义与价值

高等教育本身是一个十分复杂的生态系统，在自组织与他组织的双重作用下形成了复杂的运行机制。为此，MOOC对未来高等教育教学的影响是难以臆断的。本研究仅以MOOC的破坏性创新特征及其特殊性为依据，从大学教育教学、高校管理与服务模式和大学组织性质与文化等方面探讨MOOC为高等教育教学信息化变革带来的挑战与机遇，从而在一定程度上了解MOOC与高等教育教学系统价值追求的相容性。尽管最初MOOC应用于在线教育，与混合教学并无直接联系，但后MOOC时期，MOOC在混合教学中的潜力和优势日益受到了高等教育研究者、管理者及实践者的重视。如今，MOOC支持下的混合教学实践已在众多高校展开，如加州大学、范德堡大学、哈佛大学、MIT、清华大学、上海交通大学、同济大学等。基于 MOOC 的混合教学模式亦多种多样，既可以将一门 MOOC 的部分内容应用于课程教学，又可以将一整门 MOOC 都打包到课程当中；既可以整合多门 MOOC，又可以将 MOOC 和其他教育资源共同融合到传统教学中。例如，Ghadiri 等人（2013）将 edX 平台上的 MOOC《电子线路》应用到圣何塞州立大学本科教学中，同时使用本校的在线学习论坛进行"翻转课堂"，显著提高了学生的学习成绩和课程的通过率。张剑平等人（2014）对利用 MOOC 变革校内课堂教学模式进行了诸多思考与实践，开展了基于自主学习、协作学习、沉浸学习及混合学习相结合的 CH-SPOC、SCH-SPOC 等多种教学模式的探索与应用。基于此，我们有必要从教学模式、管理模式、服务模式与组织模式等视角出发，兼论 MOOC 之于高等学校传统教学、在线教学与混合教学的影响意义与扩散价值。

7.5.1 MOOC 对高校教育教学的影响

7.5.1.1 推动大学课程教学模式和教学结构的数字化改造

MOOC 是一种具有良好的试用性和参与性的课程资源。在教学上，MOOC 的成功主要依赖两大转变：从传统课堂向高效学堂的转变、从以教师为中心向以学习者为中心的转变。前者表现为教学模式与教学法的创新，后者表现为教学结构的转变。

推动教学流程的逆向创新。近年来，"翻转课堂"的教学模式逐渐受到关注；依据学习者的知识与能力设计学习活动与课程内容日益成为提倡的教学设计方式；传统评价方式逐渐被改良，电子档案袋、同伴互评等方式得以应用；"主导—主体"的教学结构与师生角色愈加凸显这些都是传统教学向混合教学发生转变的表征。MOOC 的兴起在一定程度上引发了教学理念与教学模式的转变，尤其是教学流程的逆向创新，为高校的混合教学改革带来了契机。针对 MOOC 与高校传统教学的有机融合，美国加州大学伯克利分校的阿曼多·福克斯（Armando Fox）教授提出了小规模限制性在线课程（SPOC，Small Private Online Course）的理念，除用于满足课程限定条件的小规模学生（几十至几百人）的在线学习之外，还借助MOOC的优势对校内特定学生群体实施"翻转课堂"，改善传统教学。后者在哈佛大学及清华大学等院校的混合教学中均有应用，并取得了一定成效。大学传统教学流程通常包括知识传授及内化两个环节，前者通过教师课堂讲授完成，后者通过学生课后作业或实践操作实现。SPOC源于MOOC，但不同于MOOC，它是运行机制的改造者，实现了对传统教学流程的逆向创新，其基本流程如下：课前，学生通过视频材料及形成性测验自主学习核心知识点，完成对学习内容的初步预习；课上，师生借助协同作业、现场研讨、操作演练及成果展示等活动完成对课程重难点的深度学习，进一步修正和完善个人的知识网络。与以往"翻转课堂"不同的是，MOOC的优质视频及大数据学习分析功能提供了获取高质量教学内容和探究教学学术的机会，弥补了传统教学的局限；教师可根据自身偏好和学生需求选择视频资源，安排课程内容进度；依托MOOC支持传统的知识讲授，在节约成本的同时使师生把主要精力转移到更有价值的交流互动及学习分析之中，从而促进高校教学职能的转变，提高了教学的效果。

推动了师生角色与地位的转变。MOOC与高校传统教学的有机融合强调赋予师生完整深入的教与学体验，在创新教学流程及教学模式的同时改变师生的角色与作用。首先，和以往在线课程的教师单向知识传授不同，MOOC是以学习者为中心的教育资源，关注的是学习者的学习兴趣与学习需求、学习的主动性与自治权以及学习思维的建构。它实质上是一个庞大的"网络课程超市"，将高质量的课程从封闭的"象牙塔"推送到了世界学习者面前，为其提供更广泛的课程选择空间与更具弹性的学习机制。在MOOC中，学生如同课程的免费选购者，可以根据自身的喜好与需求选择课程内容、主讲团队、学习时间及场所，自定学习步调，借助各种学习工具，以大规模的交互参与为主要形式自组织成学习社区，开展学习活动。其次，在基于MOOC的混合教学系统中，与教师制作的视频相比，MOOC的优质视频资源更能驱动学生认真准备，激发他们的学习参与度，尤其是对那些学习动机不强的学生。通过"翻转课堂"，学生在课堂之外的学习时间逐渐增加，课堂的重心逐渐向协作与交互转移，但无论开展哪一环节的学习活动，都需要学生的高度参与，"根据学习内容反复地与教师或同伴进行交流，以扩展和创造深度的知识"，即实现学生的主体地位。在MOOC支持下的教学中，学生真正成了学习的主体，由原来被动的知识接受者转变为主动的自主学习者。对于教师而言，MOOC的开放性与社会性学习模式无形中给现实中的低质量课程带来了潜在的冲击，使他们越发意识到参与"网络教研"，借鉴同类课程目标定位、内容选择、教学设计、评价手段、媒体运用方式与互动机制以开发高质量课程的重要性。另外，混合教学过程中讲授时间的缩短及学习时间的延长等一系列的变化都意味着教师不再是知识扩展及应用的主体与权威，需要变换自身的角色与作用。为此，教师必须是学习资源的学习者和整合者，甚至是教学团队的协调者，需要对教学资源进行学习、整合及再设计，协调整个教学过程。

7.5.1.2 促进教学内容导向的转变

传统高等教育教学倾向知识导向，将教学过程看成知识传授的过程，强调对抽象知识的加工、记忆与提取，很少联系知识应用的具体情境，学生理解也比较困难，即使他们掌握了这些知识亦很难进行迁移，因而教学内容在某种意义上显得较为凝滞，更新较为缓慢。MOOC成就于"名校、名师、名课"，教学内容及课程大纲并非来自固定教材，主要是教师团队关于某一领域状况之学术成果的整合。在呈现形式上，其教学内容及资源更多的是基于视频讲座、幻灯片及数字笔记等，这些内容随着教学进程或课程版本的更新也会有所改善。《高等教育纪事报》调查显示，MOOC教学环境中97%的教师应用原始视频，75%的教师应用开放教育资源，只有9%的教师需要购买实体教材，5%的教师要购买电子书，27%的教师应用其他教学材料。为此，MOOC环境下教学内容及资源的创建体现出一种问题导向性与知识迭代性的结合。2013年，加州大学伯克利分校阿曼多福克斯等人针对传统大学软件工程课程面临的问题及挑战开设了（云计算与软件工程）课程，同时将其应用于校内混合教学。根据IT公司对员工需求的调研及软件工程领域的发展状况，课程团队确定了需要讲授的软件开发方法（SaaS和Agile）及依赖的开发环境（Ruby on Rails），并利用电子书创设了教材。据福克斯本人介绍，这样做的好处是当发现有需要修复的缺陷或新工具时，可以立即更新所有教材版本，并应用于教学，避免因使用旧教材而导致软件无法正常工作的问题。另外，选修本门课的校内学生还要承担为现实客户开发软件的任务，并提交到自动评分系统，以获得详细的评分结果和反馈信息，遇到困难时还可以通过课堂讨论和协作解决，从而达到扩展和创造深度知识、建构教学内容之目的。由此可见，这种教学内容的创设方式更多的是基于复杂、真实、完整且有意义的问题，并借助信息技术和混合教学的优势及时更新，教与学的体验是真实完整的，教学内容自然是有意义和富有深度的。

7.5.1.3 推进教学评价方式的革新

教学评价的目的主要有两种，即对不同的学生做出比较和确定学生对知识点的掌握程度以及还需要学习哪些内容。然而，传统高等教育"批量生产"的教学模式及"标准化"的评估方式在一定程度上忽略了评价过程的互动性与评价方式的多样性，尚未很好地做到因材施教，往往只能实现教学评价的第一个目的。MOOC采用了同伴互评和学习分析的评价方式，不但可以使学习者获得即时评价的反馈结果，而且促进了学习者、教师及助教在教与学过程中的交流互动。另外，加州大学、哈佛大学、MIT、上海交通大学等院校的教学实践表明学习分析技术及相关评价软件在MOOC教学中均有广泛的应用。例如，自动评分功能明显减轻了教师对批量作业的评价负担；Caesar软件将作业或测验的批改任务分派给全球的校友志愿者，既充分利用了校友资源，保证了教学评价的质量，又促进了校友与学习者之间的互动，增加了其人才选拔或就业机会；探索性因子分析可帮助教师识别问题是否能够测试相关的知识点，以便更好地改善考试内容；利用项目反应模型可明确哪些问题比较困难，统计学生更倾向给出的正确答案；A/B测试可衡量哪种教学方案更有效；学习行为跟踪及思维导图技术可诊断出学生对知识的掌握情况，呈现学习链接及知识锚点；教师可以根据学生不同的行为（链接的点击量、图片的注视时间、错题的复习率、提问与讨论次数等）描绘其学习活动轨迹，发现其学习活动的规律，选择有效的教学工具。由此可见，MOOC不仅可以对教育群体中的不同个体进行比较，还能评价学生的学习过程和学习进度，从而帮助教师更加全面、客观地认识学生，选择更有针对性的教学方法和教学策略，实施教育干预，促进学生进行个性化学习，使学习效果的呈现具有良好的可观察性。尽管校内的混合教学规模并不大，且这些数据只有在网络环境中才能被记录、分析与表示，但教师可以借助MOOC的学习分析结果改善教学法，之后再将其应用于校内的混合教学。

7.5.2 MOOC对高校教学管理与服务的影响

7.5.2.1 为教学管理与研究模式的创新带来新机遇

现代高等教育教学的改革实质上是对高校教学系统的一种综合性变革，需要研究者、管理者及决策者借助数据的支持和推演，通盘考虑与探究教学系统的各个要素，得到有关教学的一般规律。如前所述，MOOC教学主要是通过对大规模学习数据的挖掘与分析，跟踪学习者的网络学习行为，探究学习者的学习规律与成长趋势，并以此调整教学管理策略。校园日常教学中产生了海量的数据，这些数据是发掘学习偏好、诊断学习问题、预测及模拟学习行为、制定教学决策、改进教学质量的依据。为此，高校可以借鉴MOOC这种思想对这些大数据进行学习分析，实现对课堂教学与学生学习的数据化研究与管理，将教师教学及学生学习的每一环节实实在在地记录并展示出来，进行公平、公正与公开的评价，改革整个的教学管理与研究的方法甚至方法论，构建一套全新的支撑教学学术的研究方法与管理思路，在避免仅依靠经验方式进行管理的弊端的同时，进一步规范管理、教学与学习秩序，建设智慧教室与智慧校园，在整体上促进学校教学管理与教学研究的深刻变化。

7.5.2.2 "非核心教学业务"的服务分离

"服务分离"业务广泛应用于商业领域，其是指企业"可选择集中或独自完成所有主要业务，也可选择致力某一类较精通的业务而依赖商业伙伴提供其他业务"。也就是说，企业可以将自身比较重要或精通的业务牢牢地控制起来，把一些不重要或不专精的业务通过外包等方式分担出去，在节省成本的同时获得更大的利润。对于顶尖大学，MOOC意味着对其部分传统教学业务的分离，如选课、教学与评价等在应用时，高校可以保留作为核心的教学内容。对于非顶尖大学，常常会遇到一些课程开设的瓶颈，如开设不出或开设不好某些课程，而MOOC可提供这些课程的外包服务，如可让学生通过MOOC学习经过认证的公共课程，拟定全新的评价体系进行考核，实现"教考分离"。从某种意义上讲，MOOC具有将高校的"非核心教学业务"进行分离的功能。当然，"所有的教学业务都应是高校的核心业务"，只是在这里有所区分罢了。若高校接纳了MOOC的这种服务，把MOOC纳入自身的课程系统与学分体系，那么很可能引发三种变革：一是课堂教学的变革，这在前面已经论述过；二是需要对课程与教学服务体系重新组织与规划，如学校学分制度与教学组织机构的变革；三是高校可专注于自身的特色领域或精通的科研活动。

7.5.3　MOOC对高校组织发展与国际竞争力的影响

7.5.3.1　推动高校教学组织的虚拟化

网络技术具有变现能力。如前所述，MOOC是互联网发展的产物，其凭借自身的教育智慧、技术智慧和商业智慧构建了全球化的"网络课程超市"，为每一所大学提供了各自的"摊位"，使其拥有本校的"课程店铺"。换句话说，MOOC亦具有互联网的变现潜力，它有可能或者已经在一定程度上打破了世界大学的空间界限，使原本传统的、明确的、实体化的教学组织虚拟化。这会促使高校利用MOOC平台将虚拟校园和在线教学作为自身的一个发展战略，从而变革学校的教学组织形式，与全球学习者建立供需关系，以实现实体化与虚拟化双重空间和体制下的生存与发展。

7.5.3.2　文化博弈的挑战与提升国际竞争力的机遇

网络技术从来都是"双刃剑"，既带来了资源的交流与共享，又导致文化的博弈与竞争。高等教育具有人才培养、科学研究与社会服务三大职能，育人传承文化，科研创造文化，服务传播文化。教学是人才培养的核心环节，课程是教学的主要手段，是文化传承的重要途径。作为国际性的课程平台，MOOC使高深学问通过互联网迅速传播，亦使多元的高端文化、意识形态与价值观在虚拟时空中被广泛传承。可以说，MOOC将"课程教学质量"这一高等教育国际竞争中的隐性因素显性化，并为世界建立了一个全新的开放的文化交流与共享、博弈与对决的平台，所有参与其中的大学都难以避免这一严峻的挑战——深深地根植于大学课程细胞中"潜移默化"的侵袭。为此，高校既要积极投身全球化MOOC市场，开发优质课程资源，发展在线教学，提升自身的国际竞争优势，应对文化的挑战与博弈，又要将MOOC纳入自身的课程体系，积极"引进来""走出去"。在国际性开放的环境中通过MOOC进行本土的民族精神与大学文化的输出，提升自身的国际声誉与地位是每一所高校千载难逢的发展机遇。通过以上讨论，本研究认为MOOC的发展昭示着高校骨髓深处的教学模式、管理模式和组织模式的革新。鉴于高校的组织特性、信息社会学习个体的差异性和个性化发展的需要，其教学革新必定朝着混合模式的方向发展。基于MOOC的混合教学就是这样一个积极的、有意义的探索，在一定程度上促进了不同教学方式的融合和高校职能的转变，为学习者的个性化学习提供了支持与服务。作为新兴的课程资源，MOOC与高校的教育理想具有一定的相容性，对高等教育教学系统的变革发展颇具价值，其实践发展不应是"能否颠覆"的问题，而是"如何融合"的问题。为此，推进MOOC在高等教育领域的创新扩散具有一定的合理性和必要性。

8

MOOC 创新扩散的动力分析

MOOC 的兴起与发展过程实质上是优质课程资源在世界范围内大规模创新扩散的过程。MOOC 的创新扩散可看作"MOOC 建设与应用的动力学问题"。鉴于 MOOC 创新扩散的跨域协同性，这一建设与应用过程将涉及诸多利益相关主体，其对 MOOC 的预期成本和收益具有不同期待，以至于其态度、行为与决策促进了对 MOOC 及其教育实践具有不同影响程度的正向驱动力与反向制约力的形成，其合力即 MOOC 创新扩散的动力。因此，扩散动力的最大化可作为扩散的路径选择与决策制定的重要标准及依据。那么，MOOC 创新扩散的利益相关主体有哪些？扩散主体的参与动力从何而来？扩散过程中涉及哪些阻力？扩散路径与扩散动力之间存在怎样的关系？这些内容既是 MOOC 创新扩散动因的主要方面，又是后续 MOOC 创新扩散推进路径研究的基础。

8.1 基于技术接受模型及相关理论的分析思路

技术结构模型和解构行为计划理论是技术扩散科学领域的重要理论，旨在解释人们采纳应用某种创新技术之行为意向（或使用意愿）的产生过程。技术结构模型和解构行为计划理论所涉及的诸多因素具有一致性，两者均建立在技术创新与相关利益主体之预期收益关系分析的基础之上，把握利益相关者的感知有用性与感知易用性，对他们的使用态度与行为意向形成科学合理的判断。具体要点及启示如下。第一，某种技术的创新特征与早期的应用推广引致一些因素发生了变化，改变了现有系统内相关利益主体的预期成本收益分布，激发了他们对该技术在系统内部融合创新与扩散共享的意向。第二，利益相关者对成本和收益预期的分布情况着重表现为各自的感知有用性和感知易用性。由于不同主体的主观倾向不同，技术创新扩散的作用力分解为正向驱动力和反向制约力，前者主要来自预期收益大于成本（认同技术创新在感知有用性和易用性上的优势）的组织或个体（技术创新的早期采纳者），后者主要来自具有相反倾向的利益主体以及系统本身的缺陷。第三，上述两类利益主体在技术创新扩散过程中的能力及博弈情况最终决定了技术创新扩散的动力、取向、过程与效果。由此可见，技术创新扩散过程中潜在成本与收益的预期状况通过感知有用性和感知易用性这两个中介变量在一定程度上决定了创新扩散影响力的方向和大小，而技术创新扩散的动力取决于不同利益相关主体之影响力的合力。

对于MOOC而言，尽管它具有诸多创新特质与教育价值，但其在感知有用性和感知易用性等方面的不足较为明显。例如，在感知有用性方面，和传统大学教育相比，MOOC在教育技术创新、绩效提升和成果认证等方面并不具备压倒性的优势；在感知易用性方面，其课程开发过于复杂，经济成本与技术门槛较高，使大部分高校望而却步。为此，有必要借助系统设计特征、用户特征、任务特征、政策影响及组织结构等外部变量，从感知有用性和感知易用性两个方面出发，分别剖析早期采纳者的扩散动力以及扩散过程中的瓶颈制约，以找出高校内外利益主体之正向驱动力和反向制约力，揭示MOOC创新扩散的动力因素和阻力因素。需要说明的是，MOOC创新扩散的过程较为复杂，利益相关者颇多。本研究不能穷尽所有情况，所涉及的MOOC相关利益主体主要是指与MOOC创新扩散具有直接关联的组织或个体，即以高校为边界，将大学教学系统及其师生确定为内部利益主体，着重探究其采纳、应用或推送MOOC的动力（内部动力）；将MOOC机构、教育投资机构、出版机构、考试中心及网络服务机构等社会组织确定为外部利益主体，着重探究其推动MOOC创新扩散的动力（外部动力）。

8.2　扩散动力分析

与感知易用性相比，感知有用性在一定程度上更能反映利益相关主体对

MOOC的创新扩散需求，是影响MOOC在高等教育领域创新扩散之驱动力的重要因素。本节主要从系统设计特征、用户特征和任务特征三个方面出发，着重分析MOOC参与主体的感知有用性（同时兼顾其感知易用性），探究MOOC创新扩散的正向驱动力。

8.2.1 高校及其内部利益主体的动力分析

目前，在三大MOOC平台中，除以职业教育为主的Udacity之外，与Coursera和edX合作的高校在数量上均已超过上百所。这些院校多为世界级一流大学，同时包括一些地方性普通高校，如美国斯坦福大学、麻省理工学院、哈佛大学、乔治亚理工学院、加州大学伯克利分校、康奈尔大学和纽约州立大学、加拿大多伦多大学和麦吉尔大学、韩国首尔大学、日本京都大学以及我国清华大学、北京大学及香港大学等。这些院校的主要教育活动及参与行为是创建MOOC平台或与MOOC机构共同开发课程资源；参与开发、改造或优化课程管理系统与学习工具；建立在线教育联盟，共享优质课程资源，认定MOOC学分；探索MOOC环境下教学学术，发展学习科学；利用在线学习与混合教学改善教学法，提升校内教学质量。基于此，本研究认为可以从扩散源和扩散汇两个层面对上述高校进行考察，并在此基础上对师生等内部利益主体的参与动力进行分析。其中，有些高校是MOOC课程内容或师资团队的提供方，即扩散源；有些高校是MOOC资源及相关技术的采纳方，即扩散汇；另有些高校既是扩散源，又是扩散汇。但无论如何，其扩散动力均源于学校自身的发展愿景与教学主体的利益诉求，具体表现在如下四个方面。

8.2.1.1 质量提升的内在需求

绝大部分高校在MOOC教育实践中属于扩散汇的一方，其采纳及应用MOOC的动力源于质量提升的内在需求。人才培养是高等教育永恒的主题，因而以培养目标和学习需求为中心，通过毕业生的学业成就和能力素质促进社会发展，是大学与社会在互动过程中必须遵循的发展逻辑之一。提升人才培养质量和办学水平是当代大学生存与发展的基本准则。"教学方法是高等教育教学体系中的活跃因素,亦是深化教学改革的突破口,只有摆脱对传统模式的路径依赖,更新教学理念,构建新的方法体系,才能培养适应社会发展需要的人才。"根据创新扩散理论和技术接受理论,大学采纳教育技术的根本动力,是大学对应用这种技术创新教学模式改善教学效果的预期,亦是大学在这种预期的基础上的理性判断与科学决策。随着网络信息技术的发展,以正式和非正式相互融合、线上和线下相互融合以及校内与校外相互融合为特征的混合教学与个性化学习将会成为高校教学活动的新常态。高校选择采纳MOOC,正是期望可以借助MOOC平台尝试开展网络教学实践和教学学术研究,深化对在线学习、混合教学及开放教育的认识,探索新的教学模式和教育服务模式,从而通过教学改革提升人才培养质量,发展学习科学,促进高等教育生态系统的开放化转型。例如,MIT和哈佛大学联合创建edX的愿景之一就是支持校内外教师开展教学和学习研究,了解教师如何教和学生如何学,了解技术与教学、学习之间的关系,把在线教育技术融入传统大学的教与学,通过教学方法的革新戏剧化地提升教学质量和学生的学习体验。如今,edX的许多会员大学已基于平台课程开展了混合教学、SPOC学习、翻转课堂等诸多尝试,并取得了显著的教学效果。如哈佛大学法学院的"版权法"(Copyright)、肯尼迪政治学院的"美国国家安全、战略和媒体面临的主要挑战"、加州大学的"云计算与软件工程"及清华大学的"电路原理""中国建筑史"等。

8.2.1.2 扩大影响力的价值追求

大学的根本使命在于"通过高质量的人才培养、科学研究和社会服务来承担应有责任",为社会做出特色鲜明的贡献。美国哥伦比亚大学的调研报告显示,高校加入MOOC最主要的两个动机是扩大自身的影响力(65%)和提升品牌效应(41%)。这在一定程度上表明把握开放教育的发展契机,以扩散源的身份为广大学习者提供免费的课程资源,使自身的教育惠及更广泛的人群,进一步扩大教育民主和社会影响力,提高学术声誉和社会公民的整体素质,成为当代一些大学渴望践行的社会责任和价值追求。正如包弼德(Peter K. Bol)教授所指出的,哈佛大学加入edX,建立HarvardX等在线教育项目,目的"除了深化教学改革之外，还包括肩负起时代责任，拓宽高等教育的普及化空间，鼓励更多大学参与网络开放课程建设，贡献人力、物力和财力，让更多的人有机会学到知识"。杜克大学的彼得·兰格（Peter Lange）博士曾在接受MOOC论坛（MOOC Forum）采访时表示："MOOC使杜克大学的学术声誉得以进一步推广，也许来自很多国家的学习者之前并不了解杜克大学，但MOOC的学习经历使其成为我们的粉丝及拥护者。"圣荷塞州立大学（San Jose State University）不仅参与了Udacity五门课程的开发，将其应用于校内计算机科学、统计学和心理学等学科的教学，为完成课程的学生授予学分，还通过推送的方式使这些课程融入其他高校，实现了学分的认可与转换。西弗吉尼亚大学（West Virginia University）开设了一门社会媒体领域的MOOC，目的是为没有学习过相关课程的校友提供继续教育。

8.2.1.3 获取办学资源与课程经费的利益诉求

MOOC以互联网为基础，引入商业模式，创建了一个切实可行的高等教育运作平台，推动高校开始思考如何根据自身需求，在课程教学层面应用MOOC降低成本，提升效率，开辟新市场，获取更多的办学资源。具体而言，主要表现在以下三个方面。一是作为MOOC的接受者，引进优质课程资源与教育服务，替代无法开设或质量不高的课程，并重复加工、利用，旨在一方面减少人力资源、物理设施及非教师的学习支持服务的成本，另一方面应用于校内课堂教学，提高教学效率。例如，科罗拉多州立大学环球学院已引进Udacity的全部课程，并为通过考试的学习者授予学分。二是从提供者的视角出发，与MOOC机构展开合作，共同开发课程资源，在保留课程内容版权的同时，将课程开发、管理与评价等传统业务外包出去，实现非核心教学业务的"分离"，并增加课程收益。例如，edX为高校提供了三种合作模式，即高校自主服务模式（university self-service model，A类）、edX支持模式（edX-supportedmodel，B类）及混合模式（A+B），加盟高校可以根据办学需求，选择合适的课程开发模式与运营服务模式，并获取除门槛费之外的30%~50%的收益分成。三是基于虚拟大学的发展愿景，参与建设或开发多样化的MOOC项目或资源，进一步扩大招生与就业市场。例如，亚利桑那州立大学（Arizona StateUniversity）与 edX 合作创建了"全球化新生学院"（Global Freshman Academy），为世界各地的学习者提供了 12 门新生级别的通识课程，允许通过考试的学习者付费获得学分，完成 8 门及以上课程的学习者可向该校提出申请，从大二开始攻读本科学位。2013 年 5 月，乔治亚理工学院（Georgia Institute of Technology）联合 Udacity 开发了在线计算机科学硕士学位项目 OMSCS（Online Master of Science in Computer Science），使学习者有机会以较低的经济成本学习高质量的专业硕士课程，从而获得学位。两年之内，该项目的申请人数多达 8000 人，分别来自美国、印度、中国和加拿大等 80 多个国家，入学人数也从最初的 380 人增至 2841 人。此数量超过了 1991—2013 年该专业硕士毕业生的总和（不到 2000）。并且，优秀毕业生有机会被推荐到 AT & T、Google 等全球知名企业进行实习，实习期过后，还有可能获得正式的工作职位。这不但很好地解决了美国日益增长的教育成本问题，吸引了大规模的学习者，而且在很大程度上拓宽了毕业生的就业渠道。

8.2.1.4 师生个体的发展欲求

对于 MOOC，不同教师的看法不同，参与动机亦不尽相同。尽管如此，仍有很多教师选择加入 MOOC，并将其作为实现自身价值的一种有效形式，希望能够利用 MOOC 改善教学现状（38%），同时提升自己在学科领域（39%）、大众传媒及社会公众（34%）中的知名度。首先，网络学习空间中学习者数量庞大、背景复杂，根据学习者之多样化学习特征创建学习环境，满足其个性化的学习需求，是网络教学的常态化工作。MOOC 为教师提供了一个开展网络教学和网络教研的实践平台，无论是与 MOOC 平台合作开发课程资源，从事在线教学，还是将 MOOC 内容打包到课堂教学中，开展混合教学，都促使教师以学习者为中心重新思考教育教学方式，设计并实施教学活动，同时借助大数据学习分析技术及时获得碎片式教学评价结果，调整教学设计，改进教学效果，这显然有助于教师教学水平的提升。其次，大部分加入 MOOC 的教师一般具有较高的科研能力，学术成果丰富，亦重视教学，乐于从事教学工作。凭借 MOOC 平台和精细的设计向大规模学习者传递高深学问，不仅有助于提高他们在同行和学习者中的影响力，还可以增长其在社会中的学术美誉度。哈佛大学的教育实践证明，成功开设MOOC课程已提高了教授论文的下载率、引用率和专著销量，这对教师具有足够的吸引力。

香港大学的调查显示，学习者参与MOOC的动力在于"理解某一学科或新领域，扩展或更新知识体系；个人的好奇心；喜欢挑战、探索和体验在线学习；尽可能获得更多的课程证书"。果壳网发布的"MOOC学习者调查报告"表明，学习者学习MOOC的三大动力来源于获得知识的兴趣、在当前行业领域内提升职业技能、提高英语或出国，而能促学习者进MOOC学习的最主要的外界动力是证书或学分被大学或企业认可。基于此，我们有理由认为MOOC的课程内容与营销机制已对学习者产生了一定的吸引力，他们希望将MOOC作为扩充知识和技能的有效途径，同时以较低的成本获得较权威的成果认证，从而为更好地实现自身价值打下基础。

8.2.2 高校外部利益主体的动力分析

MOOC是产生于大学校园之外的高等教育的破坏性创新。从发展进程和用户特征看，它创建了一个比传统高等教育更加广阔的市场，涉及的利益相关者更加复杂，因而大学外部组织的介入势在必行。除MOOC机构之外，大学外部组织还包括教育投资机构、出版机构、考试中心及网络服务机构等其他社会组织。作为MOOC的建设者、技术的开发者、平台的运营者及资源的推送者，其扩散动力主要源于以下四个方面。

8.2.2.1 突破高等教育市场的新机遇

对于高校外部组织而言，尤其是商业机构，MOOC不失为其进入高等教育市场的有效途径。面对MOOC的市场潜力，一些营利性和非营利性组织开始通过创建课程平台，与现有高等教育机构、知名企业机构和网络服务商建立合作关系以及多样化的战略布局和推送服务，逐步对开放的高等教育模式和认证机制展开探索，企图打破传统大学长期垄断的高深学问产业链，开启新的高等教育市场和潜在的应用领域。例如，Udacity 的发展愿景是在继承"开放教育"和"终身学习"等理论与实践成果的基础上，励志与国际知名企业和优秀教师的合作，构建开放学堂，打造云端的"硅谷大学"，使学习者支付远低于传统大学的小额学费就可以追随美国的技术专家学习当今行业领域最需要的实用技能，获得 Google、Facebook、Amazon 等全球知名企业的权威认证，从而形成利用技术改变世界的能力，成为满足行业需要的抢手人才，拥有最好的知识、锦绣的前程和成功的人生。Coursera 则采用立足本土、辐射全球的办法，试图在巩固现有用户的同时吸引更多的联盟者与学习者，不断拓宽办学范围和世界影响力，抢占更多国家和地区的课程市场，实现课程资源与教育服务在各国的本土化创新。2013 年 5 月，Coursera 宣布与世界一流教育职业发展组织（如 New Teacher Center）和高等学校（如华盛顿大学）合作，面向全球教师免费分享与其职业发展相关的培训课程，以促进教师的终身学习，同时使 Coursera 的教育理念得以传播扩散。之后，Coursera 启动了"全球翻译合作伙伴计划"（Global Translation Partners Program），与 8 个国家的翻译组织、网络教育平台及志愿者建立了合作关系，免费翻译多个学科的视频课程，开辟 Coursera 的本地网络学习专区，向学习者提供本土化的 MOOC 资源。2013 年 5 月 30 日，Coursera 与田纳西、休斯顿、乔治亚等 10 所州立大学合作，建立了美国公立大学 MOOC 联盟，通过跨校选课、学分互换和混合教学机制探索 MOOC 在提升高校入学率、教学质量及毕业率等方面的作用。2013 年 10 月，Coursera 创建了"全球学习中心计划"，意图联合国际和地方性组织，共同建立本土化学习物理支持空间（Physical Space for Learning），借助互联网的优势和本地辅导教师的努力，为学习者提供实地的学习支持服务。

8.2.2.2 追逐竞争优势的价值取向

正如迈克尔·波特（Michael Porter）所说："技术创新的根本动力在于创造竞争优势。"MOOC 创新扩散的过程既是 MOOC 机构之间不断争夺竞争优势，保证自身在开放的高等教育市场中强者地位的过程，又是其与传统大学之间相互博弈的过程。就 Udacity、Coursera 与 edX"三驾马车"而言，它们是美国

MOOC的发展基石，亦是全球最具影响力的MOOC平台和成功典范，不仅开发了多种MOOC技术，构建了MOOC平台，创造性地将学习科学应用于在线教育与混合教学实践，还凭借各自的商业智慧和拥有的教育资源对世界各地的用户展开疯狂抢夺，紧紧地把持着全球MOOC的市场命脉，控制着MOOC的发展进程，在教育理念、教育技术、教师团队、课程质量、盈利水平和资格认证等方面体现了极高的垄断地位和领先水平。例如，在课程联盟建设方面，edX抢先注册了"MOOC.org"域名，并创建了xConsortium与"MOOC.org"两个独立的会员体系。在学分授予方面，Coursera与美国教育委员会（The American Council on Education，ACE）合作，获取同等学分评估与推送服务。在资格认证方面，Coursera率先推出了签名认证项目，之后又创建了专项课程项目；Udacity首创了世界上具有资格认证的在线学位项目和"微学位"项目；edX开发了X系列课程。不止于此，其他国家和地区的MOOC机构亦具有很强的动力，并在发展初期尝试通过直接引进或间接模仿等各种手段和途径打破这种垄断局面，争夺市场资源，把自己的MOOC推向国际，同时抵制外来教育文化的侵袭。例如，清华大学的"学堂在线"就是借助edX开源代码开发的平台，上海交通大学的"好大学在线"借鉴了Coursera的"同伴互评"机制。这种互相追逐与博弈的状态不断循环反复，共同形成了MOOC创新扩散的驱动力。这一动力机制相较因短期的利润回报而形成的动力更加持久，亦具有示范效应。

8.2.2.3 MOOC带来的预期收益

获取利润是商业组织生存与发展的基本法则。MOOC机构开发并推动核心资源的扩散动力与MOOC能带来的预期收益密不可分。MOOC平台的运营过程实际是其运用教育技术获取经济利润的过程，扩散动力的大小在很大程度上取决于预期收益的大小。因此，不论是营利性MOOC机构还是非营利性MOOC机构都需要获得盈利，以保持平台的持续运营。2012年，杰弗里扬（Jeffrey R.Young）归纳出了8种MOOC潜在的盈利方式，如课程证书、安全性评估、员工招聘服务、申请者筛选、企业培训服务、个别化辅导或作业批改、风投机构的资金注入、学费。Coursem获得收益的方式主要包括两种，即课程证书和面向企业、高校或其他机构的员工匹配、考试或培训服务。Udacity 最主要的盈利方式是学费，一方面凭借微学位项目按每月 200 美元的价格向学习者收取费用，并要求其在 6～12 个月内完成全部课程与项目，另一方面通过 OMSCS 项目收取 6 600 美元的学费，学制 3 年。除社会捐赠和课程证书之外，edX 的收入主要来源于合作收益。也就是说，面向高校按一次性 25 万美元的标准收取课程开发费用，然后按每学期 10 000 万～50 000 万美元的标准收取课程运营及维护费用。

从共赢的视角看，诸多网络服务机构与 MOOC 建立了"捆绑式"合作关系，目的是减小运营成本，拓宽产品或服务的消费范围或销售渠道，创新商业模式，提升市场收益，同时利用自身品牌优势，迎合学习者的日常网络应用与交互习惯，改善他们的学习体验，最终使 MOOC 机构、学习者及服务提供商三方均能从中获益。这些服务机构大部分是全球知名企业，主要提供学习社区的创建服务、在线交互服务、电子教材及阅读服务、移动 MOOC 服务、考试服务、视频传输及在线翻译等服务，不但促进了知识的有效传播与共享，而且自身亦从中获益。例如，2013 年 5 月，Coursera 与英国牛津大学出版社（Oxford University Press）、圣智学习出版社（Cengage Learning）、麦克米伦高等教育出版社（Macmillan Higher Education）及威立出版社（Wiley）等全球各大教育出版商合作，免费提供在线课程的电子教材；同时，这些机构也通过 Coursera 建立了全新的出版模式和营销渠道，找到了新的销售对象，拓宽了销售范围，提升了纸质版和电子版图书的销量。从投资者的视角看，一个项目是否值得投资，关键要看其是否具有巨大的商机和较为明朗的市场前景，在未来能否获得高额的利润回报。信息科技产业具有投资大、风险高和回报周期长等特点，但成功后也会获得巨大收益。一些 MOOC 平台凭借显著的创新价值、市场价值、教育价值和经济价值，已获得来自风险投资机构长期的资金支持以及有关财务管理和资本运营的指导性建议，为其持续发展奠定了坚实的基础。例如，自 2012 年以来，Coursera 经历了三轮（六批）外部融资，吸引了 12 个世界知名投资机构的加盟，分布于美国、俄罗斯、印度及新加坡等多个国家，资金总额高达 1.461 亿美元；Udacity 经历了四轮融资，获得了 CRV、Andreessen

Horowitz 和 Drive Capital 等著名风投公司的支持，最后一次融资高达 1.05 亿美元。这些投资机构对 MOOC 的商业模式具有浓厚的兴趣，十分认同其价值理念和发展战略，并对其未来的市场收益充满了预期。正如学习资本（Learn Capital）的合伙人罗布赫特尔所言"全球教育市场总值约 4.6 万亿美元，而 Coursera 等机构目前占据的市场份额大概只有 500 亿美元，这仅是沧海一粟"。

8.2.2.4 领导团队的创新精神

"创新精神是企业家的本质特征，是企业家精神的灵魂；企业家之所以成为企业家，很大程度上取决于其创新精神。"一个成功组织的背后需要有一支具有创新精神的领导团队，以促进自身的发展。首先，MOOC 的创建与发展离不开其创始人及领导团队的创新精神。例如，Udacity 及 Coursera 的兴起均源于斯坦福大学的网络公开课项目。2011 年秋，斯坦福大学计算机系教授塞巴斯蒂安特伦（Sebastian Thrun）和彼德诺米格（Peter Norvig）向全球免费开设了在线课程"人工智能导论"（Introduction to Artificial Intelligence），吸引了来自 190 个国家的 16 万多名学习者报名，最终约 23000 人完成了课程的学习。吴恩达（Andrew Ng）与达芙妮科勒（Daphne Koller）开设了人工智能（Artificial Intelligence）、数据库（Databases）和机器学习（Machine Learning）三门课程，也吸引了全世界成千上万名学习者。随后 Sebastian 和 Andrew Ng 等人便开始致力信息化教育的推行，并于 2012 年分别创建了 Udacity 及 Coursera。其次，MOOC 领导团队不仅关注新技术和新课程的开发，还关注教育理念、商业模式、战略部署、营销策略及推广渠道等各方面的创新，从而形成了 MOOC 平台的办学特色与发展路线。以三大平台为例，2013 年，鉴于 Udacity 与圣荷塞州立大学合作的推迟及平台课程完成率低下等问题，Sebastian 等人果断地放弃了原有的 MOOC 业务，将开放教育的重心转移到职业培训领域，以提升学习者的实践技能和职业能力为价值目标，侧重 STEM（science，technology，engineering，mathematics）领域基础学科和实用科学的教学，推动 Udacity 逐渐成长为"半开放、小而精"的新型 MOOC。edX 由 MIT 和哈佛大学整合校内资源联合创建，其董事会成员由 10 名高等教育专家组成，包括来自两校的 3

名副校长、2名教务长、3名二级学院院长、1名实验中心主任及1名教授,他们从运用信息技术引领全球教学变革的愿景出发,共同推动edX形成了以"非营利性、精英主义与研究情结"为价值取向的发展路线。2014年,高等教育管理学家、前耶鲁大学校长理查德·文温(Rick Levin)出任Coursea的首席执行官,从此确定了全球化市场扩张的战略布局,并重点部署到中国、印度等亚洲国家。他在接受《纽约时报》的采访时表示:"Coursera将会进一步拓展全球业务,与更多机构建立合作关系,以多种合作方式推送更多学科的课程资源,并计划在2019年实现盈利。"截止2016年9月22日,Coursera已与来自28个国家的146个机构展开合作,开设课程2 211门,覆盖艺术、人文、语言、社会、商务、计算机、数据、生命、数学、逻辑学、物理、工程等多个学科,注册学生数量突破2000万,非美国本土的学习者占70%以上,其中中国用户超过百万。

8.3 扩散阻力分析

尽管在MOOC创新扩散系统中,高校内外主体都颇具扩散动力,但由于它们是归属于不同性质的社会组织,在价值取向、发展愿景、管理模式及运营机制等方面亦存在较大差异。为此,在MOOC创新扩散的过程中,不可避免地会遇到来自系统平台、组织结构和政策环境等方面的种种阻碍与瓶颈制约,造成扩散动力不足等问题。

8.3.1 组织文化与愿景的矛盾冲突

从扩散主体层面上看,MOOC的创新扩散主要受制于两类系统:以MOOC平台等商业机构为代表的高校外部系统以及高校内部教学系统。前者绝大部分属于营利性机构,后者属于非营利性机构。由于在组织文化和自身定位上的不一致,高校和企业在教育技术创新的价值取向、目标任务、利益诉求、成果形式与扩散方式等方面具有较大分歧。高校的基本职能是人才培养,即"分析、判断现存的知识，并探索新的学问领域，同时在此基础上传递深奥的知识学问"，其价值取向在于追求专业学术与教学学术，重视自身的社会影响力与学术影响力，意在通过教学改革、师资选拔和教学研究，提升教育质量、学生能力和公民素质，促进学科建设与大学发展，因而在文化特征上表现为学术自由、知识共享与教育民主。为此，对于MOOC而言，高校更加看重其教育价值与学术价值，注重课程的免费共享与教育公平。企业通常受经济利益驱动，具有明确的营利目的和动机，谋取商业利润和市场垄断地位是其首要的价值取向，对绩效不突出的项目活动一般不予关注。另外，企业颇为重视劳动力素质和大学毕业生的质量，但由于无法掌握大学教育的一手资料，没有动力参与高等教育的评估工作，而MOOC恰恰通过员工匹配等服务为其提供了这个机会。为此，对于MOOC而言，企业更加看重其经济价值与市场价值，注重课程的增值服务。基于此，本研究有理由认为组织文化与价值取向的矛盾冲突致使高等学校和商业机构之间形成了明显的边界，在一定程度上不利于利益相关主体之间的优势互补，从而影响MOOC的共享效果与扩散速度。

8.3.2 资源及政策的限制

从成本上看，MOOC课程开发需要耗费大量的资源，包括人力、物力、财力及时间成本。杜克大学2013年的研究报告表明，通过Coursera建设与发行一门MOOC需要600小时以上的时间，其中教师要付出的时间约420个小时。2013年，阿默斯特学院（Amherst College）的教师委员会以70：36的投票结果拒绝了与edX的合作，理由是这种模式与学校的教学理念大相径庭，未来的经济收益和教学前景均不明朗，而且需要投入大量的资金（25万美元或更多），花费教师的精力及时间，为此必须对MOOC采取谨慎的态度。另外，MOOC的发展还在一定程度上受到了现行政策的限制。例如，一些公立大学拒绝引进edX课程，原因是他们担心这种合作可能会影响学校的教学质量，加大公立大学与名牌私立大学之间的差距，使学校的部分教师成为助教。2013年9月，普林斯顿大学教授米切尔·邓奈尔（Mitchell Duneier）宣布将不在Coursera上开设"社会学导论"（Introductory Sociology）课程，主要原因是他担心政府会以此为借口削减对州立大学的资助。除此之外，乔治亚理工学院课程委员会也曾经反对OMSCS项目的实施，他们认为在线学位之招生规模的大幅度提升固然是好事，但同时担心这样很可能会导致学院研究生培养质量的下降，降低精英教育的社会认可度。另外，利用在线教育降低学费，扩大教育民主，尽管没有损害线下校内学习者的既得利益，但似乎对其并不公平。

8.3.3 MOOC自身的不足与压力

8.3.3.1 完成率及学习效果不容乐观

随着媒体宣传和教育规模的扩张，MOOC面向全球学习者传递了优质的在线学习资源，在一定程度上促进了世界高等教育的发展，但由于特征参差不齐的学习者的大量涌入，课程质量和学习效果受到了一定的影响，长期以来课程完成率（注册学生中完成课程的人数比率）持续偏低。尽管2013年SJSU引进了Udacity的5门STEM课程，允许校内外学习者同时选课，并授予学分，但学期末，这些课程的通过率仅为29%~51%，意味着约50%~80%的学习者不及格，SJSU不得不推迟了与Udacity的合作。根据Jordan在2015年的统计，MOOC的课程完成率介于0.7%~52.1%之间，平均值为12.6%，约80%的学习者不能及格。Jordan（2014）和Paul（2015）等人的研究表明，近年来Udacity、Coursera及edX平台上部分品牌课程的完成率仍低于MOOC整体发展的平均水平。针对此问题，一些MOOC平台，如edX，似乎显现出忽略课程完成率的倾向，宣称课程证书的获得才是学习者的有效学习表现，并强调认证证书的获取率应作为评价MOOC质量的重要标准。开放教育追求教育的公平性和学习者的大规模性，MOOC学习者的学习动机具有多样性的特征，不同学习者的学习目的和学习态度不同，势必会影响课程的完成率。从这种意义上看，上述观点的确具有一定的合理性，但仅强调课程的认证率，而忽视课程的完成率，是否有利于MOOC的质量保障、持续发展与创新扩散还需进一步探讨。为此，课程完成率和在线教学质量的有效控制及评估问题仍然是一直令MOOC机构困扰并亟待解决的大问题。如何进行质量控制，建立有效的评估机制，提升课程的学习效果和学位的含金量，是MOOC未来发展所面临的重大挑战。

8.3.3.2 缺乏持续的经济模式

对于Udacity和Coursera等营利性MOOC平台而言，尽管获得了大量的风险投资、教材赞助及资金支持，现实或潜在的收入渠道多种多样，但运营过程中的具体收益尚未明朗，亦没有任何一项研究报告或商业报告表明它们已实现了盈利，其商业运营暂时还是一场零收益或负增长的运动。例如，虽然Udacity的OMSCS项目计划在付诸实践的第一个年头就能获益24万美元，但这与300万美元的成本投入相比，仍微不足道。按照这种发展态势，距离真正盈利还较为遥远。另外，Udacity为了保证教学质量，早已放弃了MOOC之大规模、开放的核心思想，采取一种"半开放、小规模"的发展路线，规定所有课程资源均可免费体验。这不仅会影响优质教育资源的普及，还无形中增加了经济成本，造成了财务混乱，不利于平台未来的发展。对于edX等非营利性MOOC而言，仍需要可持续的经济运营模式。哈佛大学和MIT两校投入的6 000万美元仅能用于平台的初期建设与运营，如果要开发课程，则需追加投入。通常情况下，开发一门课程需要10万～20万美元，之后的每一轮修整还需要7 000～70 000美元，如果需要对课程进行改进、更新与提升，则需要投入更多的资金，以保证课程的新颖性。显然其非营利性的理念与持续发展的需求存在一定的冲突。edX似乎已经注意到了这一矛盾，企图通过各种合作模式与增值服务，开拓多元的融资渠道，解决这一问题，从而把大部分的课程成本从学习者身上转移给企业和高校。但这种收益模式无形中给高校带来了巨大的经济压力和人力负担，对其参与合作的积极性具有消极影响。

8.3.3.3 潜在的认证问题与市场风险

一般来说，在技术扩散过程中，其相对优势、品质保证、市场相容性、用户的行为意向和接受时间以及市场开发的投入成本等因素均存在一定的不确定性，以至面临潜在的市场风险。MOOC同样需要跨越高等教育市场的种种障碍，只有适应用户需求，才能真正实现创新扩散，体现其教育价值、技术价值和商业价值。大学是一个具有教育与认证双重功能的组织，能够在保证教育质量的同时为用人单位提供毕业生的能力证明，高等教育认证是大学获得学生和雇主信任的基石。同样地，MOOC只有对课程质量和学习成果进行有效认证，建立良好的品牌效应和质量信誉，实现教育市场和人力市场的顺利衔接，才有机会提升自身与高等教育市场的相容性，获得社会公众的广泛认可，否则只能作为学习者扩充知识技能的平台。然而，目前没有任何机构能建立相对完善的MOOC认证机制。尽管推出了一系列的课程产品，但认证功能与应用范围十分有限，不能与高校相提并论。首先，课程证书的效用不甚明确。无论荣誉证书、签名证书还是微学位证书，都只能作为修课证明，只是内容详尽程度不同，没有本质区别，实际用途使学习者有些困惑，因而社会认可程度不高。其次，缺乏专门的认证机构与统一的认证标准。MOOC的认证主体是什么，按什么标准认证，方式是什么，如何表达认证结果等问题都悬而未决。再者，MOOC的学分认可并非易事。由于高校课程的学时安排、主讲教师、内容深度、作业形式与考试难度不尽相同，即使是相同学科、主题的课程也很难实现校际的学分互换，为此尽管一些MOOC通过了权威机构（如ACE）的学分评估，但对其学分进行认可的大学仍然很少。最后，诸多MOOC正试图与知名企业合作，开展职业教育，但企业面临的发展任务和亟待解决的问题常常瞬息万变，会随着行业市场的发展呈现出较大差异，开发既适合MOOC的学习方式又能突出企业特色的课程项目并不容易。另外，由于市场规模和地位的不同，某一企业开发的微学位未必会受到整个行业的认可，微学位证书的真正效力还有待商榷。

8.4 动力分析模型

通过前文的分析，技术接受模型及其相关理论为我们呈示了这样一个图景：MOOC的创新扩散涉及诸多利益相关主体，每个组织机构或个体对MOOC

建设、应用、共享与推广等教育实践之影响力的合力即为MOOC创新扩散的动力。而每一个利益相关者对MOOC创新扩散的影响力来源于两个方面，即"使用意向"与"扩散（采纳或推送）能力"。其中，"使用意向"主要受制于相关利益主体的感知有用性，而感知有用性由MOOC的预期教学效益和商业收益决定，预期效益或收益越大，感知有用性就越大，使用意向就越强，反之亦然。另外，由于采取的扩散策略（应用或推送MOOC的备选方案或决策）不同，既得收益或发展愿景亦不同，所以"使用意向"又进一步决定于扩散策略的选择，如在MOOC与高校传统教学融合的过程中，全部整合与部分整合的方式会产生不同学习效果，领导团队之异质的创新理念形成了不同的MOOC运营与实践模式。"扩散能力"往往受制于相关利益主体的感知易用性，而感知易用性由利益主体的自身特征、能力及既定的外部环境（如政策环境、资源环境、文化环境等）所决定，如学校及其师生的教学能力与学习能力、成本预算及对政府经济资助的依赖等因素导致了一些公立大学对MOOC的排斥。总而言之，MOOC创新扩散的最终动力来源于不同利益相关者对MOOC的感知有用性和感知易用性，即预期成本收益的相关分布。基于以上分析，本研究构建了MOOC创新扩散动力的分析模型，并对MOOC创新扩散的动力因素与阻力因素进行了概括性描述。世界级的顶尖大学和MOOC机构是MOOC创新扩散的主要推动者，第三方网络服务机构或教育机构是MOOC创新扩散的助力者，部分教师、在校生、普通高校、社会学习者和风险投资公司对MOOC的实践发展和成本收益充满了预期。但是，鉴于MOOC自身的缺陷与不足以及文化、政策、资源等方面的限制，一些普通高校，尤其是公立大学及其教师，对MOOC的态度摇摆不定，甚至采取反对或抵制的决策。

另外，在诸多利益相关主体中，高校与MOOC机构之间的冲突与对立关系较为明显。MOOC的创新扩散并不意味着MOOC机构能够直接开发出适合高校或学习者需求的课程产品，更不意味着高校应不计投入成本与教学效益的代价去引进、采纳或参与开发、推送MOOC资源，关键是要在高校与MOOC机构之间找到一个双方均可接受的利益共同点。然而，要建立两者的利益平衡点，仅凭MOOC机构和高校的力量难以实现。前者承受着市场环境下生存与发展的巨大压力，后者肩负着人才培养、科学研究、学术提升与社会服务的历史重任，双方都不可能为了对方的利益而做出过多的让步与妥协。为此，需要在高校与 MOOC 机构之外注入新的动力源，平衡两者之间的矛盾，使 MOOC 机构因为主动建设、开发与推广 MOOC 而得到相应的激励，使高校能够以尽可能低的成本采纳与应用 MOOC 资源。由于 MOOC 本身具有公益性，不仅有助于提升高校教与学的革新能力，还可以促进资源共享与教育公平，使社会学习者获益，为此政府理应成为高校与 MOOC 机构等商业组织之外的新的动力源，通过制定各种激励政策建立相应的制度环境，推动 MOOC 的创新扩散。综上所述，本研究认为 MOOC 创新扩散是一个循序渐进的过程，为此应以扩散动力的最大化作为扩散路径选择与本土化顺利推进的评价指标；MOOC 的创新扩散亦是一个诸多利益相关者基于微观动机表达 MOOC 偏好与各自态度的过程，为此应建立参与主体的沟通平台，使之在了解彼此扩散能力、偏好与策略的基础上，采取最佳决策最大限度地提升 MOOC 的创新扩散动力；MOOC 的创新扩散还是一个受到外部环境和扩散策略双重影响和控制的过程，为此应在对制约 MOOC 发展的政策制度环境充分探析的基础上，借助政府的调控功能与支持作用重新整合 MOOC 的本土化"推动者"团队，进一步增强高等学校和 MOOC 机构在协同创新过程中的一致性、专业性与互补性，推进高校 MOOC 的创新扩散。

9

中国 MOOC 创新扩散的实践现状

如今，我国 MOOC 建设已初具规模，并形成了以普通高校、开放大学和企业等多元办学主体为核心的 MOOC 项目，包括高校自建项目（如"学堂在线"）、课程联盟共建项目（如"好大学在线"）、开放大学课程项目（如"成人高校 MOOC 联盟"）、校企合作项目（如"华文慕课"）及企业自主或合作建设项目（如"顶你学堂"）。这些项目的本土化建设与应用创新现状如何，高校在机构设置和制度管理层面为其提供了哪些支持环境，其中存在哪些问题。对上述问题的探讨与解答，有利于在一定程度上厘清我国 MOOC 本土化创新扩散的整体状况，揭示其中凸显的共性问题，为高校 MOOC 创新扩散的路径选择提供现实依据。另外，根据创新扩散理论，MOOC 创新扩散系统的构成要素主要包括三个层面，即客体因素（MOOC 及其背后潜藏的教学理想、教学理念与教学模式）、主体因素（MOOC 机构、高校、教师、学生等）和环境因素（制度环境、经济环境、信息环境和社会环境）。为此，中国高校 MOOC 的整体图景可描述为在高等信息化教育制度的支持下，MOOC 资源从"引进、建设"到"应用、推广"的过程，其本土化扩散现状可从两个层面进行剖析：一是中文 MOOC 平台的建设与应用情况；二是高校对 MOOC 及其代表的在线教育资源的管理制度和提供的环境支持。

9.1 中国 MOOC 项目实践现状

9.1.1 国内主流 MOOC 项目

通过文献分析及网站检索，同时结合 MOOC 项目的实际进展情况，本研究选取了国内影响力较高的 12 个中文 MOOC 平台作为研究对象，包括学堂在线、好大学在线、UOOC 联盟、铁路学堂、Ewant、成人高校 MOOC 联盟、华文慕课、中国大学 MOOC、超星慕课、智慧树、顶你学堂及网易云课堂。这些项目可归纳为四类：一是普通高校及其课程联盟的学业 MOOC，旨在秉承公益、开放、有教无类和因材施教的原则，为全社会学习者提供系统、优质的高等教育资源与学习服务；建立课程联盟，通过合作、研讨与交流，实现联盟内资源共享及学分互认，促进教学改革，提升高等教育质量；建设中国特色高水平 MOOC 平台，面向全球传播优秀民族文化，提升大学品牌效应。二是开放大学的成人学业 MOOC，旨在联合成人教育机构推进跨校网络教学的发展，促进优质成人教育资源的共建与共享，通过多方参与互动，推动教学与学习方式的变革，促进终身学习、开放教育和学习型社会建设事业持续健康的发展。三是企业自主或合作建设的学业 MOOC，旨在基于"平台+内容+服务"三位一体的运营模式，帮助高校完成优质课程资源的引进和信息化教学支持服务的推送，通过跨校选课模式改善我国教育资源分布不均的状况，促进教育公平，同时为教师提供培训服务，帮助其开发网络课程，改进课堂教学。四是高校或企业参与建设的职业 MOOC，旨在打造实用技能学习平台，为某领域的从业者提供系统、一流的职业教育课程，推动职业培训与知识学习的融合，为专业化的职业教育领域累积 MOOC 资源，培养创新人才。通过对上述平台之目标使命包含的关键词进行统计，可以发现"资源共享"的频次最高，其次是"教学服务""促进教育公平""提升教学质量""教学改革""学分互认""职业培训"，随之相伴而生的关键词有"文化传播""知识产权""平台建设""课程建设""因材施教"等。

由此可见，优质课程资源的共享扩散是我国MOOC项目建设与发展的基本宗旨。此外，提供信息化教学支持服务，促进高等教育公平，推动教学改革，提升人才培养质量，实现学分互认，发展职业教育，也在我国MOOC机构的目标使命中占据核心地位。

9.1.2 研究方法与内容分析框架

目前，国内关于MOOC的研究多集中于个案研究、MOOC之于高等教育的影响研究或相关教学理论研究，较少学者对MOOC实践项目展开研究。已有一些主要包括国内外MOOC平台建设状况的比较研究以及国内MOOC平台具体问题（如教学方式、交互状况、证书授予及学分认定）的调研，前者涉及的中文MOOC项目较少，后者研究内容较为微观。本研究旨在运用内容分析法对主流中文MOOC平台的建设与应用情况进行系统疏理，从宏观视角分析国内MOOC项目的实践现状。根据经济合作与发展组织（OECD）的界定，开放教育资源是"为了促进教学、学习和研究，供教师、学生及其他自主学习者免费使用的数字化材料"，包括学习内容（learning content）、工具（tools）和实施资源（implementation resources）三个部分。其中，"学习内容包括完整的课程、课件资源、内容模块及学术期刊等资料；工具包括内容和学习管理系统、内容开发工具及网络学习社区；实施资源包括知识产权、促进开放出版的许可协议、最佳实践设计原则及本土化方案"。关于信息技术与高等教育的深度融合，国家开放大学提出了"六网融通模式"，为开放教育资源的认知与本土化应用提供了分析框架。该模式"强调教育需求对技术应用的引领地位和作用，涉及网络核心课程、网络学习空间、网络教学团队、网络支持服务、网络考试测评及网络教学管理六个子模式，它们之间互为前提、交融支持、协同运行"。MOOC是开放教育资源发展的新阶段，也涉及上述内容，但具体要素略有不同。基于相关文献的研究成果、MOOC本身的创新特征、OECD对开放教育资源的官方定义及国家开放大学提出的"六网融通模式"，再结合高等教育（含远程教育）领域专家的咨询建议，本研究最终确定了中国MOOC项目实践现状的分析框架，以保证研究结果的有效性。

9.1.3　研究结果与数据分析

9.1.3.1　核心课程资源

核心课程为高等教育提供内容资源，主张借助基于互联网的技术手段，不断创新课程设计及教学模式，优化网络教学活动与学习过程，逐渐实现高校课程及其知识内容的"网络迁移"，包括课程基本信息和课程设计两个二级观测指标。

（1）课程基本信息。

课程基本信息涉及课程数量、学科领域、开设模式和课程来源等因素。中国 MOOC 项目的课程数量参差不齐，覆盖的学科领域亦不尽相同。截至 2016 年 12 月，超星慕课开设了 6000 多门课程，涵盖除艺术之外的所有学科。网易云课堂和顶你学堂侧重于计算机技术、艺术设计、金融和外语领域的职业培训，课程数量分别为 4225 门和 242 门。中国大学 MOOC 推出了 2281 门课程，涉及基础学科、工程技术和文学艺术等学科。学堂在线、好大学在线和 Ewant 三大平台主要侧重于理工科、管理学和医学教育，课程数量在 300 门以上。UOOC 联盟和智慧树已有超过 100 门的课程，人文、艺术和社科类课程较多。开课模式即课程的组织形式可归纳为随堂模式、直播模式和自主模式三种。随堂模式和直播模式在一定程度上维持了传统高校的课堂氛围，设置了一定的访问权限和学习权限，要求学习者在规定时间内完成预设的学习任务，允许其中途退出。直播课程具有严格的时间节点。随堂课程安排较为宽松，一般以周或学期为单位。自主模式不设置任何时间节点、访问权限和学习权限，课程发布后，学习者可随时登录或退出，并自定步调进行学习。UOOC 联盟、铁路学堂、Ewant、成人高校 MOOC 联盟和中国大学 MOOC 基本采用随堂模式，超星慕课和顶你学堂采用自主模式，智慧树对上述三种模式均有涉及，其余项目应用随堂模式和自主模式。部分项目，如学堂在线、好大学在线和 Ewant，"根据国内教育需求以合作形式将国外 MOOC 平台、高校或培训机构的课程引入自己的平台，对其加工、改造（如添加中文字幕）与推送"。学堂在线引进的课程主要来自美国（如 MIT、Rice、加州大学、斯坦福大学）、英国（如 ACCA）、澳大利亚（昆士兰大学、阿德莱德大学）及瑞士（如洛桑联邦理工学院）等国家，大部分是理工、经管和医学领域的学业型课程，选课人数在 1000 人以上的课程约占 57%。其中，ACCA 提供了两门会计类的职业教育课程，选课总人数在 30000 以上。好大学在线和 Ewant 引进了 IBM 大数据大学近 40 门课程，由具备大数据分析经验的教师团队进行授课，旨在借助专业化的课程团队和实践平台，为国内学习者提供数据分析师和数据工程师的相关培训。

（2）课程设计。

课程设计是"将学习需求与课程目标转化为有效课程系统的设计过程"，涉及教学设计、交互设计及评价设计等因素。关于课程设计，本研究通过随机抽样的方法，从每个平台中各选取 50 门课程进行分析。这些课程的状态均为正式开设，并且具有一定的访问权，可免费浏览。对于课程总数小于 50 门的平台，采用全样本形式进行抽取。在排除重复课程和无法浏览的课程之后，最终选取了 508 门课程，从而以此管窥我国 MOOC 项目的教学方式、交互方式和评价方式。国内 MOOC 项目主要应用"教师讲授、辅导答疑和自主学习相结合、实时教学和非实时教学相结合、自主探究和分组协作相结合以及线上教学与线下教学相结合"等教学组织形式。绝大部分项目采用了"讲授型"教学方式，其课程资源所占比重为 99.01%，主要通过视频形式讲授教学内容，并辅之以测验、课后练习、专题研讨及相对集中的辅导答疑。自主探究和分组协作相结合是网络课程中的主要教学模式，可作为单一讲授模式的有效补充。此模式被学堂在线等七个平台的课程采用，所占比重为 16.23%，要求学习者在掌握理论知识的基础上，通过随机分组与合作交流完成既定的学习任务（如项目设计或专题研讨），同时提供与任务相关的信息资源。另外，29.80% 的课程实施了翻转课堂，覆盖理工、文学、医学和艺术等学科。推行此类课程的平台或通过线上与线下相结合的形式组织教学，如好大学在线与 UOOC 联盟，或利用课程直播和实时交互取代师生的面对面交流，如网易云课堂与智慧树。

MOOC 的交互方式主要包括人与内容的交互（学习者与课程内容或学习资源的交互）、人与人的交互（师生或生生之间的交互）两个方面。学堂在线等7个平台设计了人与内容的交互,其中学堂在线在讲课过程中嵌入了有关教学重难点的形成性测验,其他六个平台设置了笔记专区,允许学习者在听课的同时记录和发布笔记,并随时查看和评论他人的笔记。在人与人的交互设计方面,绝大多数项目采用了以论坛为主的异步交互模式,部分平台采用了同步交互模式,如学堂在线、好大学在线和UOOC联盟使用了QQ、微信等聊天工具,智慧树开设了视频直播专区,好大学在线和UOOC联盟组织了师生线下面对面交流会,网易云课堂对直播答疑和线下活动均有涉及。此外,学堂在线等六个平台开设了讲间实时讨论区,便于学习者在观看视频的过程中根据学习内容随时提问与交流,在一定程度上促进了学习者、教师与学习内容之间的多重交互。

评价设计包含教学评价和课程评价两个方面,但只有少数平台重视对课程的整体性评价,如学堂在线、好大学在线、Ewant和UOOC联盟主要通过问卷、评论、点赞数和收藏数对课程进行宏观或微观评价。绝大多数项目采用了形成性与总结性相结合的评价方式。形成性评价主要集中在单元测验(71.85%)、阶段性作业(60.26%)、项目实训(1.66%)、专题研讨(39.74%)及课程参与度(20.53%)五个方面。总结性评价一般是期末考试(含线上或线下)或大作业与形成性评价的综合加权。此外,只有学堂在线设计了诊断性评价,主要利用课前问卷或测验,调查学习者的学习态度、知识基础与起点能力。

9.1.3.2 师资队伍

MOOC师资队伍保证了教学活动的有效开展。本研究从学业导向型和职业导向型两个视角出发,分别探讨了国内MOOC项目教学团队的职称分布、专业背景及教师结构。研究数据来自上述508门课程的教师,共1370人。研究发现,MOOC师资队伍主要由课程负责人、主讲教师和助教构成。课程负责人是一门MOOC的主持人,负责课程提案与整体规划,组织协调整个教学团队,借助MOOC探索有意义的教学模式和教学设计,实施课程教学。主讲教师主要负责课程的讲授,个别教师需要进行辅导答疑。助教在教学团队中扮演着关键角色,是提升课程教学质量的重要保障,其主要职责有提供在线辅导答疑或实验指导，帮助学习者解决疑难问题；组织专题讨论，引导学习者思考与练习，培养其自学能力；参与课程管理，统筹课程开发、制作、运营与维护；提供学习服务，上传资源，推送课程，发布通知。

大学教师并非 MOOC 唯一的师资来源。从专业背景上看，学业 MOOC 教学团队以大学教师为主，此外还包括具有专业水平的行政人员、医护人员、专职培训师、科普推动者及企业高管等；职业 MOOC 师资队伍以企业高管和专职培训师为主，此外还包括大学教师、艺术家、数据咨询顾问、营销专家、知识传播者及职业规划师等。这表明我国 MOOC 项目的教师结构较为合理。但只有 UOOC 联盟、中国大学 MOOC、华文慕课、网易云课堂和智慧树五个平台上的 68 门课程对助教信息做了明确说明。学业 MOOC 中助教仅占 11.65%，且多为研究生。网易云课堂只为微专业课程提供了助教团队。这在一定程度上表明了我国 MOOC 平台辅导教师的配置尚不合理，教学质量重视程度不高。

9.1.3.3 学习空间

网络学习空间是"互联网环境下个体或群体学习的支持空间，承载着各种学习工具和信息资源，对知识建构方式和学习方式具有导向作用，涉及教学资源型、直播教学型、学习社区型、角色扮演型和课程服务型五种类型"。其中，教学资源型以资源共享为主要特征，直播教学型以在线互动课程和实时教学为主要特征，学习社区型以提供交互性工具与服务为主要特征，角色扮演型以结构化扮演规则和故事情节为主要特征，课程服务型以整合课程平台、教学内容和学习服务为主要特征。由于 MOOC 是课程内容、平台工具和商业运营相结合的开放教育资源，所以从整体上看国内 MOOC 学习空间都属于课程服务型。但部分项目还创建了其他类型的空间，如网易云课堂和智慧树依据课程内容或学习者需求定期安排直播讲座或答疑；超星慕课和网易云课堂的部分课程只提供了学习文本、图片或视频资源，只能列为教学资源型；学堂在线、好大学在线、UOOC 联盟、Ewant、成人高校 MOOC 联盟、超星慕课及网易云课堂定期开展专题研讨、小组协作学习及同伴互评，所以这七个平台对学习社区型空间亦有一定涉及。没有任何平台创建角色扮演型空间。

9.1.3.4 教学支持服务

教学支持服务是教学质量保障的关键环节,是指为促进教学与学习,面向高校及其课程联盟、企业、教师及学习者提供的一系列支持性服务和工具软件,既包括学术类服务,又包括非学术类服务。国内 MOOC 项目提供的教学支持性服务主要分为运营服务、课程服务和技术服务三个方面。其中,课程招生、共享及推送、教学管理系统、课程开发、社交网络工具和学习分析技术是 MOOC 项目的基本服务形式。另外,学堂在线、好大学在线及 UOOC 联盟等七个平台提供了课程引进与认证服务以及学分互认办法,UOOC 联盟和智慧树推送了教学设计和教师培训服务,旨在促进联盟内部优质课程资源的整合与共建共享,提升人才培养质量,扩大 MOOC 的社会影响。在运行环境方面,除互联网平台之外,学堂在线、好大学在线、Ewant 及超星慕课等八个项目还开发了能够在手机和平板电脑等移动设备上应用的 App 客户端,以期推行零散的、碎片式的移动 MOOC 资源。

在学习管理系统和工具开发方面,有六个项目针对不同用户进行了工具开发,主要涉及高校及其课程联盟、教师、学生和企业。其中,学堂在线、中国大学 MOOC 和顶你学堂不仅面向高校和企业提供了学习管理系统,还为教师提供了课程开发工具,旨在帮助各类用户建立专属的教学平台,提供本地化教育支持及大数据服务,增加其与外部资源的联系、交流与对接机会。智慧树、超星慕课和网易云课堂只面向高校、企业或教师中的一部分提供开发服务。只有学堂在线注重学习工具的开发,如 Multisim 和 CircuitLab 等在线电路仿真平台。国内 MOOC 项目的学习分析存在一定差异。从应用范围上看,高校开发的 MOOC 平台主要将学习分析用于线上教学,企业 MOOC 项目旨在将学习分析用于辅助高校内部教学。学堂在线在这两方面均有涉猎。这表明高校主要致力学习分析技术应用与教学改革创新,而企业则致力技术开发及商业化推广。从分析功能上看,大部分平台将学习分析和云计算结合起来,用于教学评价和学习过程监控,如使用自动评分功能提供即时反馈;将学习者的学习成果备份到云端,统一管理;详细记录学习行为数据,并与学习成绩整合,进行总结性评价。另外，学堂在线和好大学在线还通过学习行为的跟踪和预测，诊断学习者知识的掌握情况和活动参与状况。

9.1.3.5 运作模式

（1）运作主体与合作机构。国内 MOOC 项目的运作主体主要包括四类：一是普通高校及其课程联盟，如学堂在线、好大学在线、UOOC 联盟、铁路学堂及 Ewant；二是开放大学，如成人高校 MOOC 联盟；三是在线教育机构，如中国大学 MOOC、超星慕课、智慧树、顶你学堂及网易云课堂；四是高校与企业形成的联盟，如华文慕课。合作机构有四种：一是高等教育机构，如学堂在线、好大学在线、Ewant 和智慧树等平台选择与世界级一流大学（如 MIT 等）和国内知名高校合作，UOOC 组建了全国 93 所地方院校的课程联盟，成人高校 MOOC 是国家开放大学和其他开放大学、职业院校共同运作的平台；二是国内优秀企业，如学堂在线、好大学在线和 UOOC 联盟依托技术公司支持平台的日常运维，网易云课堂与精英企业或专家团队共同开发微专业课程；三是知名教育机构，如学堂在线选择与 edX 及 ACCA 合作，顶你学堂选择与淘宝教育、华文慕课、中国国家图书馆和中国高等教育数字图书馆等教育及教育出版机构合作；四是教师个人，如铁路学堂和顶你学堂聘请行业专家或优秀工作者担任讲师。

（2）运作方式。国内 MOOC 项目的运作方式主要分为营利和非营利两种。营利性质的运作机构主要包括两类：一是新兴在线教育平台，通过风投获得长期持续运作的资金链，从而迅速崛起，如学堂在线已在 A 轮融资中获得 3 260 万美元的资助；二是转型后的网络公司，如超星慕课、智慧树、顶你学堂及网易云课堂，一方面将原有教育资源改造成微课，另一方面与高校、教师、知名企业及行业专家展开合作，开发新课程。这些机构主要通过课程证书（如签名认证）、教育服务（为高校、企业、教师提供教学管理服务和混合教学的支持与培训）、学费（如课程或学位费用）和员工匹配服务（为雇主推荐学员）等方式获取收益。非营利性的运作机构是指以普通高校、企业或开放大学为运作主体的公益性机构，通过相互扶植、政府支持及社会捐助获得资金。

（3）课程内容版权。课程的内容版权，即课程的知识产权。UOOC联盟和华文慕课的课程内容版权属于课程的提供者，包括高校或教师本人。例如，UOOC联盟在声明中表述"主动保护联盟成员单位、教师、学生的知识产权"；华文慕课声明"课程资源来自各高校或教师，知识产权属于其来源"。除UOOC联盟和华文慕课之外，其他大部分平台的知识产权属于运作机构本身，如好大学在线和Ewant声明"平台上的资源禁止不当拷贝及进行任何商业销售行为，产生的注册商标及教材不得非法转载及公开使用"；智慧树声明"本公司系该网站上所有页面设计、页面内容的著作权人"；顶你学堂声称其是"中国首个正式商业运营并且拥有完全自主知识产权的MOOC平台"；中国大学MOOC和网易云课堂认为网易公司和课程提供方共同享有课程的内容版权，表述为"课程内容由中国大学MOOC平台（或网易公司）和其他权利人依法拥有其知识产权，包括但不限于著作权、商标权、专利权等"。另外，学堂在线、成人高校MOOC联盟、铁路学堂和超星慕课尚未对课程的内容版权作明确说明。

（4）学习成果认证。目前，国内MOOC项目的学习成果认证仍以结业证书为主。除此之外，普通高校或企业及其联盟的平台（如UOOC联盟、好大学在线、智慧树等）通过参与校内混合教学或实地考试等方式使部分高校认可MOOC学分；清华大学依托学堂在线启动了工程硕士项目，为学习者提供硕士学位和学历；智慧树与法国里昂商学院联合创建了全球工商管理本科项目，为学习者提供国际名校本科学历；国家开放大学的MOOC联盟为学习者提供远程教育学历；网易公司通过与其他企业之间的合作，为学习者提供具有身份认证功能和行业认可的课程证书，这些证书已获得猎聘网、领英、周伯通等公司的认可。

9.2 高校MOOC创新扩散的支持环境

在对我国MOOC项目实践现状探析的基础上，本研究运用调查研究法对目前国内高校MOOC建设应用与共享扩散的支持环境进行分析，以期揭示高校

MOOC管理与服务等多方面的特征，并诠释和理解这些特征背后的深层含义，进而为MOOC与高校教学系统的融合发展的未来走向提供现实参考依据。为此，本部分主要以中国大陆地区开设MOOC的高校为研究对象，从中抽取典型样本，通过对这些机构在建设与推进MOOC过程中的定位、目标、运作方法、政策、制度及文化相关信息的问卷调研、描述性统计与质性分析，达到认知高校MOOC建设情况、管理服务和支持环境特征之目的。

9.2.1 研究内容与分析框架

目前，鲜有文献将MOOC纳入高校教学系统，探索MOOC的高等教育应用及其与高校教学融合的管理服务特征和支持环境。已有的研究主要集中在MOOC的运营机制、学习者满意度和扩散共享现状以及本土化推进策略等方面。例如，有学者认为MOOC支持下的开放教育是一种新型的教学形式，其具体运营机制主要包括平台技术机制、运作机构机制、课程管理机制、联盟管理机制、质量保证机制与业务运营机制，分别负责平台技术服务、主体利益协调、课程资源建设、教育机构联盟以及质量保障的各个环节或以大学生为研究对象，对"MOOC的扩散共享效果（使用情况、使用效果、使用满意度）和影响因素（课程宣传推广、课程内容、质量、影响力、学习者及课程开发政策）"等内容进行调查，并根据研究结果设计了促进MOOC资源共享的策略模型；抑或通过调研了解MOOC的建设单位、课程开发团队、建设政策支持、应用态度以及持续发展的关键点等问题，从而在此基础上提出了中国MOOC建设与发展的政策建议。基于对相关文献的梳理和专家咨询意见的整合分析，本研究确立了高校MOOC创新扩散支持环境的调研框架，并进一步设计了《中国高校慕课（MOOC）建设情况与支持环境调查问卷》，着重采用了定量分析和质性诠释相结合的研究方法，探讨国内高校MOOC（或相关）的组织机构、建设方式、质量保障机制、应用与融合的环境因素及刚性需求等问题，以期既从量上揭示我国高校MOOC管理与服务机构在相关结构变量和观测指标上的数量关系，又对个别高校实施微距考察；既在"面"上反映MOOC与高校教学系统融合发展的普遍特征与推进趋势，又在"点"上呈现个别高校对MOOC的独特创新之处，从而在一定程度上展现我国高校 MOOC 创新扩散的支持环境。

9.2.2 样本筛选

截至 2016 年 12 月 31 日，在 Coursera、edX 及上述 12 家中文 MOOC 平台上开设课程的中国大陆高校共 104 所。艾瑞深中国校友会网《2016 中国大学评价研究报告》按照学科范围，将我国大学划分为综合类、理工类、财经类、师范类、医药类、政法类、农林类、民族类、语言类、艺术类、体育类等 11 个类别。基于此，这 104 所高校可分为 7 类，包括综合类大学 34 所、理工类大学 40 所、师范类大学 13 所、医药类大学 7 所、财经类大学 6 所、农林类大学 3 所及语言类大学 1 所。本研究通过分层抽样和随机抽样的方法，最终选取了 34 所高校作为研究对象，其中含 10 所综合类大学、15 所理工类大学、4 所师范类大学、2 所医药类大学、1 所财经类大学、1 所农林类大学及 1 所语言类大学，约各占所属类型的 1/3，具有一定的代表性。根据 2013 年和 2014 年果壳网发布的《MOOC 学习者调查报告》，可以看出我国 MOOC 的学习者大部分是高学历群体，本科及以上学历者约占 80%，在校大学生占 55% 以上，主要集中于京、沪、粤、苏、浙等经济较为发达的地区。这种研究结果在一定程度上表明了国内知名高校，尤其是"985 工程"大学及"211 工程"大学在 MOOC 本土化建设、应用与扩散过程中发挥的重要推动作用。为此，本研究选取的样本主要集中在"985 工程"院校和"211 工程"院校，同时还兼顾了少数省（或直辖市）属重点院校。事实上，通过前期访谈，我们发现尽管一些地方性普通本科院校开设了自己的 MOOC，但绝大部分课程是教师个人与 MOOC 机构或联盟之间积极互动的结果。这些学校本身对 MOOC 并不感兴趣，也没有在一定时期内建设与应用 MOOC 的意向，尚未将在线教育和混合教学纳入学校日常的课程建设及教学计划。为此，地方性普通本科院校不是本研究重点考察的对象。

9.2.3 研究结果与数据分析

通过电话、微信、QQ 及电子邮电等多种方式，我们邀请被调研高校的 MOOC 建设与推进的负责人、管理人员或教辅人员参与了问卷调研。基于一校一卷的原则，本次调研共发放和回收问卷34份。经过后期的描述性统计、质性分析及个别化访谈，具体研究结果如下。

9.2.3.1 组织机构

组织机构指的是高校的MOOC建设与管理团队及其职能，涉及高校MOOC教学部门的发展对象、发展方式与发展目标，如"为谁建设MOOC""建设动机是什么""建设什么样的MOOC""哪些机构或团队负责""其功能与作用是什么"等一系列影响MOOC教育实践的顶层设计，这些也是影响高校MOOC创新扩散的关键因素，其主要包括目标使命和机构职能两个二级观测指标。

（1）MOOC服务机构及其目标使命。如前所述，MOOC创新扩散的问题实质上是围绕课程教学而展开的。具体而言，既包括在线教学与传统教学的深度融合的问题，也涉及优质课程资源在高等教育系统中传播推广与重新配置的问题。高校教务部门是对大学课程教学实施常规管理的职能部门，主要负责学科发展规划、专业建设、年度招生、学籍管理、教学基地建设、教材建设、人才培养方案和教学计划制订、教学研究与改革、教学质量评价、教师培训及学生实习等工作，并为师生的教与学提供一系列支持与服务。为此，高校MOOC的建设及推进与校内的教务部门（如教务处、教师发展中心、现代教育技术中心、网络教育学院、研究生院教学部等）有着千丝万缕的联系，这些机构理应成为MOOC创新扩散的支持服务机构。70%以上的高校（25所）由教务处负责MOOC事务，即将MOOC纳入学校在线课程的日常建设范畴，一般由校领导牵头，教务处处长统筹管理，教学研究科或现代教育技术中心执行相关的具体工作；有2所高校（5.88%）将MOOC交由教师发展中心全面负责，它们分别是南昌大学和复旦大学；仅有北京大学1所高校（2.94%）选择了"由校领导牵头，多个部门协同合作建设MOOC"，该校成立了开放在线课程建设小组，由校领导担任组长，同时委派专人，如研究生院院长和校长助理，负责MOOC的项目建设与协调动员工作，以便将教务处、研究生院、继续教育学院、现代教育技术中心及教育学部等多个单位的职能进行整合，实现各部门的协同创新；只有陕西师范大学1所学校（2.94%）由远程教育学院全面负责MOOC的建设与推进,该学院在下设行政机构的基础上,成立了学科教学研究所、教育评价研究所、教师教育资源中心、信息化教学中心、现代远程教育研究中心、继续教育研究中心 6 个教学研究机构,并以此为依托充分利用信息技术加强教育资源建设,促进 MOOC 的应用与共享;专门成立新的 MOOC 运作机构或办公室来推进 MOOC 建设应用的高校有 2 所(5.88%),分别是上海交通大学和清华大学,它们分别建立了"慕课推进办公室"和"大规模在线教育研究中心",并创建了富有特色的 MOOC 平台,其 MOOC 无论是在量的方面还是质的方面都远高于其他院校。

使命通常是"某机构之根本宗旨与核心职能的公开声明,反映了该机构所秉持的基本理念和终极价值追求"。对高校 MOOC 机构的使命的考察,有助于在较为具体的层面上厘清这些部门的服务理念与价值愿景,进而探知高校推进 MOOC 建设与应用的初衷与动机。在高校 MOOC 服务机构的目标使命中,居于首位的是"推动教学变革和人才培养体制机制改革",34 所院校中有 30 所选择了此项,比例达到了 88.24%;其次是"汇聚并共享优质教育资源""提升教师教学水平和人才培养质量""提高学校教育信息化水平"及"基于大数据开展信息化教学研究",所占比例均在 58% 以上;之后是"将 MOOC 作为学校教学的补充""增加社会学习者和在校生的教育机会""提升教师教育技术能力""顺应高等教育国际化与开放化的发展趋势""提高学校的学术声誉及社会影响力""履行社会责任""建立优质中文 MOOC 平台"及"发展学习科学",所占比例为 21%~47%,其中绝大部分为前述目标的衍生目标;排名靠后的是"降低办学成本,提升办学收益"和"发现优质生源,扩大招生范围",比例分别为 5.88% 和 2.94%。由此可见,我国高校更加关注 MOOC 为高等教育变革发展带来的挑战与机遇,并非在线教育的经济收益。鉴于我国高校非营利性、公益性和公立性的组织性质,通过 MOOC 的建设与应用,促进在线教学与传统教学的深度融合与优势互补,提升师生的信息化教与学能力和学校教育质量,推动教学改革,优化教学生态,对其意义更大。

(2)机构职能。通过对样本大学 MOOC 支持服务机构管理人员的调研发现,"制定学校 MOOC 推进战略、方针与工作规划"这一职能位列首位,所占比例达到了 91.18%，只有 3 所学校未选择该项。除此之外，我国高校 MOOC 机构还具有"基于 MOOC 组织校内教育教学改革""统筹与 MOOC 相关的各种资源，协调各部门工作的有序展开""开拓多样化的交流渠道，建立 MOOC 共享合作模式""从事基于 MOOC 的教育教学研究""确定大学 MOOC 的研究方向，指导研究工作的开展""监督与保障 MOOC 质量，促进 MOOC 平台的持续建设与功能优化""基于 MOOC 组织教师培训"等 12 种职能，且不同职能的分布程度不一，有超过半数的学校选择了前 7 项。通过对比可以发现，高校 MOOC 支持服务机构的各种职能与其自身使命的契合程度较高，有助于上述目标的实现，亦是其价值理念最直接的体现。同时，这间接表明"互联网 + 教育"的方法及方法论已逐渐渗入我国高等教育教学管理中。高校开始借助 MOOC 等信息化教学资源及管理平台，开展教学改革与教学研究，管理学校的教育教学事务，提升教师的信息技术应用能力。

9.2.3.2 建设模式

（1）投入经费。由于每门 MOOC 的所属学科、课程内容、教学设计、教学组织形式、评价方式、学习工具、支持服务、在线时长和学时数不尽相同，所以投入的建设经费也不同。为此，本研究只对样本大学的平均每门 MOOC 的建设经费进行调查。就掌握的资料来看，平均投入经费为 5 万～10 万元（含 10 万元）的高校有 16 所，所占比例为 47.06%；在 5 万元以下（含 5 万元）的高校有 9 所，所占比例为 26.47%；20 万元上以上的高校有 5 所，所占比例为 14.29%；在 10 万～20 万元之间的高校有 4 所，所占比例为 11.76%。由此可见，平均每门 MOOC 的建设经费在 5 万～10 万元和 5 万元以下的两个区间的高校数量居多，所占比例超过 70%。为此，我们有理由认为目前我国高校 MOOC 课程的平均建设经费基本维持在 10 万元或 10 万元以下。某学者在 2014 年的调查显示 MOOC 建设经费的平均数为 5 万～20 万元，其中 10 万～20 万元所占比例略大，与国家精品资源共享课建设经费持平。与这一研究结果相比，本次调研所得到的数据降低了近 10 万元。这在一定程度上表明了我国大部分 MOOC 平台或联盟正逐渐通过技术改进和经费调整鼓励更多的高校及其教师参与 MOOC 教育实践，从而借助互联网为学习者提供更加多元化、碎片化与个性化的教育服务。

（2）开设情况与应用方式。本研究从"选修课/必修课""专业课/公共课"的视角调研了 MOOC 在样本大学课程系统中应用的分布情况。调查显示，有 33 所高校将 MOOC 课应用于"公共选修课"或作为"公共选修课"开设，占被调高校的 97.06%；而选择"公共必修课""专业必修课""专业选修课"的高校在数量分布上较为均衡，各约占 50%。这表明绝大部分高校将 MOOC 资源应用于公共课的课程教学，多数为选修形式的通识类课程。

泰勒认为"课程组织是把经过选择的学习经验组织成单元、学程和教学计划的程序"。课程组织模式的建构主要取决于知识结构的诠释方式，所以不同高校应用 MOOC 形成了不同的课程教学组织模式，主要包括校内外的开放在线课程、小规模限制性在线课程（SPOC）、校内混合教学、移动 MOOC 课程、补充性质的非正式学习资源及同步大规模在线课程（SMOC），所占比例分别为 88.24%、76.47%、64.71%、20.59%、20.59% 及 8.82%。由此可见，基于 MOOC 的在线教学和混合教学已成为当前 MOOC 与我国高校教学系统融合创新的主要方式。另外，已有少数高校对 MOOC 教育实践展开了新的探索，尝试将其应用于移动学习或同步直播学习中，以优化课堂教学，促进教学改革。

（3）资源建设。本研究着重从课程来源、提案方式、建设方式、开发方式及服务对象五个方面对样本大学 MOOC 资源的建设情况进行了调查。在课程来源层面，首先是有 27 所高校选择了将"本校知名教授及其团队开设的课程"建设成 MOOC，占被调研院校总数的 79.41%；其次是有 25 所高校选择了将"学科优势明显的课程"课程建设为 MOOC，所占比例为 73.53%；再次是"具有教学创新意识和能力的教师申报的课程"和"原有网络精品课程"，均占 61.76%；最后依次是"学科特色课程"（50%）、"深受学生喜爱的课程"（50%）及"社会亟须的职业类课程"（14.71%）。这在一定程度上表明了高校在确定 MOOC 课程来源时，首先看重的是教师的知名度、学科优势及特色和课程本身的影响力，然后才考虑到学习者的目的与需求。

关于MOOC提案的生成，有27所院校选择"教师自主申报"的方式，占样本总数的79.41%；22所院校选择"学校动员或学院推荐"的方式，占样本总数的64.71%；有18所院校选择"MOOC业务部门选拔"的方式，占样本总数的52.94%；少数院校选择"课程联盟或企业推动"的方式，各占11.76%和2.94%。可见，高校基本通过内部"申报、推荐—讨论、选拔—审核"的方式确定MOOC提案与课程规划，很少受到企业或课程联盟等外部机构的影响。另外，通过后期访谈，笔者发现大多数高校在建设初期都是运用行政手段推动教师参与MOOC教育实践，之后随着经验的积累、技术的成熟以及教师参与积极性的提升，才逐步放手，允许并提倡教师自主申报，个别院校甚至实现了校园网络课程应用与在线教育的常态化。

关于建设方式，调查显示有20所高校（58.82%）对"引进、加工及改造优质校外资源"的方式表示认同，12所高校（35.29%）主张采用"联盟发展、共建共享"的方式，但绝大多数高校（91.18%）优先选择的仍是"自主建设"的方式。而在开发层面，70%以上高校选择"以教师及其教学团队为主，学校或公司支持为辅"的方式，"以学校或课程联盟为主导"和"以企业团队为主导"的方式分别占32.35%和11.76%。综合以上数据可以看出，尽管MOOC的本土化建设与推进需要诸多利益主体的协同合作，但是以哪一方为主导仍存在一定争议。不过，教师及其教学团队自主申报与开发，学校提供支持（经费、政策、文化等），公司辅助发布与运营是当前高校MOOC建设与推进的主要模式，且"教师自主申报、开发"的方式较为契合MOOC之"耗时费力、精雕细琢"的生成特征、高等教育的自为性特征、开放教育之多元化和个性化的服务特征以及互联网教育产业的发展趋势。

就服务对象而言，绝大多数高校（97.06%）面向校内外的本科生提供MOOC教育服务，58.82%的高校为社会学习者发布MOOC资源，仅有5所高校（约占14.71%）利用MOOC进行研究生教育，分别是清华大学、上海交通大学、北京大学、北京邮电大学及哈尔滨工业大学。由此可见，目前我国高校MOOC的主要用户仍是本科层次的在校生与社会大众。这一结果与2014年果壳网的调查结果比较一致。

（4）学分认定方式。在本次调研中，认定指定 MOOC 平台的课程学分的高校有 20 所，约占 60%；认定本校 MOOC 平台课程的学分和认定参与混合教学的 MOOC 学分的高校均为 10 所，各约占 30%；认定课程联盟中课程学分的高校有 9 所，约占 27%；不认定 MOOC 课程学分的高校有 4 所，约占 11%；没有高校认定任何 MOOC 平台上和学分银行中课程的学分。根据 2016 年某学者的调查研究，有 37.3% 的高校不认定 MOOC 学分，其他高校表示只认定相关 MOOC 平台上的 MOOC 学分。基于以上数据，我们有理由认为如今我国高校对 MOOC 学习成果的态度已有一定改观，认可 MOOC 学习成果的高校逐渐增多，学分认定方式日益多样，但认定范围仍然有限，短时间内还不能达到持续采纳与普遍认定的效果。

9.2.3.3 质量保障

高校 MOOC 的质量保障机制是指 MOOC 课程质量及教学过程质量监控与评价的标准、原则、方法与工具，涉及师资建设、人才培养、教学支持服务、绩效评估、结果反馈等一系列环节，主要包括在线课程质量的评价标准及保障方式两个观测指标。其中，保障方式又具体分为教师选拔与培训制度、课程教学团队建设制度、课程开发机制、信息化教学支持服务、持续融资渠道与经费投入机制、在线教育信息咨询服务及数字化学习资源优化制度等指标。在线课程质量的评价标准呈现了样本大学 MOOC 质量保障制度调查情况，着重反映了调查对象对不同制度必要性的主观认同程度以及被调查院校对这些制度的制定与实施情况。被调查者认为必要性程度最高的一项制度是在线课程质量评价标准，约占总数的 88.24%；其次是信息化教学支持服务制度，约占 70.59%；之后依次是课程教学团队建设制度（64.71%）、课程开发制度（64.71%）、持续融资渠道与经费保障制度（52.94%）以及教师选拔与培训制度（50%）；数字化学习资源优化制度及在线教育信息咨询服务制度获得的认可程度相对较低，分别约占 41.18% 及 38.24%。这在一定程度上表明了开展 MOOC 建设、推进 MOOC 发展、提升教学质量的前提是制定相应的质量标准和严密精细的开发流程，并提供合适的技术支持、优质的人力资源和持续的资金保障。与制度必要性的调查结果较不一致的是高校的既有制度,调查显示只有20%～40%的高校制定了MOOC的课程质量保障标准、信息化教学支持服务制度、课程教学团队建设制度、课程开发制度、经费保障制度及教师选拔与培训制度。另外,调研数据显示有3所高校在实践中没有制定任何质量保障制度。由此可见,我国高校MOOC质量保障制度的建设亟待进一步强化与完善。

9.2.3.4 环境因素

环境因素指的是高校MOOC本土化建设、应用与创新的宏观背景和支撑环境,如学校对MOOC建设提供的政策支持以及校园的学习文化环境等因素。研究表明,高校在实践中通过不同的措施建立相应的政策和文化支持环境,以推进MOOC的建设与发展,从而促进MOOC与学校教学系统的深度融合。在政策支持层面,调查显示有27所高校制定并发布了有关MOOC建设的政策文件,约占总数的79.41%,如北京大学校办印发了《关于积极推进网络开放课程建设的意见》;26所高校为开课教师提供了经费支持,相应资金一般会下拨到二级学院,约占76.47%;17所高校允许开课教师通过MOOC获取经济收益(如学费提成),约占50%。除此之外,还包括将MOOC教学纳入教师教学工作的量化考核、维护主讲教师及其教学团队的知识产权、将MOOC项目作为教改重点项目纳入教师职称评定以及其他措施(如通过各种途径为本校MOOC进行宣传推广等),所占比例分别为38.24%、38.24%、29.41%及8.82%。通过以上数据可以看出,除制定相关的政策文件外,高校的政策支持主要集中在课程经费和成果奖励两方面,同时有院校制定了教师知识产权、教学工作量化、教改立项和课程推广等政策。但总体上看,较少的政策制度与教师的职称评定相联系,为此很难从根本上调动教师参与MOOC教育实践的主动性、积极性与创造性。

在文化层面,样本大学为MOOC提供的支持主要集中在三个方面。一是建立开放共享的学习文化,营造团队合作的教学氛围,鼓励师生的学术共享行为;二是建立自主学习机制,增强学生学习的主动性与积极性;三是通过培训、教研等活动促进教师同行评议与教学观摩,培养他们的信息化教学理念及思维习惯，提升其教学创新和参与教学改革的自觉性。但是，很少有学校（26.47%）关注教师社会责任感与教学服务意识的建立。由此可见，当前大多数高校对MOOC的应用，仍然是以服务本校教学与学习为主，而不是开源式的大众教育，学习文化仍较为封闭，在一定程度上不利于MOOC社会影响力的形成。

9.2.3.5 刚性需求

刚性需求指的是影响高校MOOC建设、应用及有效推广的一些硬性指标与关键环节。关于这一问题，本研究首先通过开放式问答的形式收集相关数据；然后依据所获得的第一手资料，对文本数据进行分解、概念化与重新组合；最后在深入理解的基础上归纳出34所高校MOOC负责人或教学管理人员关于MOOC建设应用与创新扩散的认识与看法。从认识层面上看，有17所高校认为MOOC建设应用的刚性需求之一在于深化学校对MOOC的认知程度。这些调研对象普遍认为，针对MOOC问题，高校之间需要达成统一的思想和认识，超前谋划，思考MOOC本土化发展的理念和问题；MOOC的好坏和品牌效应不在于高校和教师的名气，而在于课程质量的高低，为此不出名的课程也需要建成MOOC，但不是所有课程都能建成MOOC；中国式MOOC不能完全应用于大众化的开放教育，其发展需要理性回归，服务于校内的教与学，或者作为学校课程资源的补充与扩展，抑或作为教学改革的新方法，其目的皆是促进人才培养质量的提升。其中，有2所大学明确提出"MOOC的属性是教学的辅助还是教学的未来发展方向，仍需要进一步确定，可以通过比较研究厘清MOOC与传统课堂在教学水平和效果上的区别"。个别学校认为"MOOC不能仅用于辅助校内课堂教学，需要面向整个社会开放共享，否则MOOC不能称之为MOOC"。

从经费层面上看，有12所高校将持续的资金保障作为MOOC创新扩散的关键，认为"MOOC的开发与运营需要大量的经费，应建立固定的融资渠道及保障机制，以获得来自国家和社会的经费支持"。但是，仍有3所高校对目前这种"贴钱维持"的保障方式持反对态度，认为当务之急是政府逐步放松对高校的管制，鼓励高校以公益化与市场化相结合的方式探索新的营利模式，如"通过第三方付费的方式促进MOOC资源的免费共享与平台的真正盈利"。

从机制层面上看，有7所大学认为高校MOOC的建设与应用依靠国家的制度支持，期望教育部能出台相关的政策文件，对MOOC涉及的具体问题给予指导。但是，大多数调研对象认为高校可自行探索，通过校内教学体制机制的变革促进MOOC的持续扩散与发展，包括人才培养与教学机制、师生激励机制、质量保障机制、课程应用推广机制及联盟发展机制等。其中，有25所高校对人才培养与教学机制的改革表示认同，认为要"利用MOOC等优质资源，改进现有课程质量，推动教学改革"。为此，在教学模式上"需注重线上和线下相结合，考虑如何以学习者为中心实现MOOC与传统课堂的衔接"；在培养方案与课程体系上"需控制课程数量，以免每门课都以MOOC或翻转课堂的形式呈现，占用学生大量的课下时间"；在教学管理上"需调整教学机构设置，增设教学信息化岗位，健全学生成绩考核制度，通过判定课程价值水平的方式支持MOOC的学分认定"。有19所高校指出师生激励机制是发展MOOC的关键，认为"需要给予学生更多的机会或奖励，培养他们学习的主动性和积极性；同时进一步细化加强教师支持政策，通过经费保障、认可教学工作量或职称评定等方式保证教师开发与应用MOOC的持续性"。除前文提及的质量保障和联盟发展机制外，有13所高校认可课程应用与推广机制的作用，认为"需要对MOOC的建设、应用和推广进行统筹规划，引导量大、面广的通识课、公共课、大类平台课、专业基础课的教学团队参与进来，一方面分层次、有重点地开展MOOC、SPOC建设和应用，另一方面对特定受众群体宣传实践经验，使之对MOOC形成较为清晰的认识"。

从技术层面上看，有13所高校较为认同"信息化教学支持服务"在高校MOOC的建设与推进中的作用，强调"MOOC平台要形成各自的风格与范式，注重教学管理系统的升级换代，为高校提供所需的配套技术与服务"，"重视课程的实时更新以及基于学习者个性化需求的深度开发"，同时要"利用信息技术呈现教学设计，增强课程的功能与效果（如视听、交互与评价等），支持教师开展 MOOC 教学"。除此之外，还有 1 所大学认为需要建立技术共享平台，用于各校之间交流、分享已有的在线教育技术成果。

9.3 我国 MOOC 本土化扩散的问题分析

9.3.1 平台建设及项目实践的共性问题

9.3.1.1 国外资源利用率不高，改造程度不足

在国际优质课程的应用方面，除学堂在线、好大学在线和 Ewant 外，其他平台对国外资源的引入甚少。而且，对引进资源的改造也有些简单，要么直接推送，要么翻译部分课程内容，精细加工不多，极少有中国本土机构或辅导教师为学习者提供实地的学习支持服务，这表明我国对国外 MOOC 资源的本土化程度并不高。为此，如何协调对国外优质课程资源的渴求与审慎引进的心理矛盾，同时提升本土化改造能力、凸显中国特色是我国 MOOC 平台建设与资源共享所面临的难题。

9.3.1.2 教学创新度不高，应用规模小

从课程设计来看，我国大部分 MOOC 项目沿袭了美国 xMOOC 的早期模式，试图将传统教育实践全部迁移至网络，没有真正实现高等教育的信息化，具体表现在以下几个方面。在教学设计层面，仍以传统讲授模式为主，对自主探究、协作学习和混合学习不够重视；在交互设计层面，注重人与人之间的异步交互，对师生之间、生生之间的同步交互及学习者与学习内容之间的深度交互不够重视，没有建立起开放自由联通的学习环境；在评价设计层面，注重对学习者学习结果的评价，对课程评价不够重视，强调以测验、考试及书面作业为主的评价方式，对诊断性评价和过程性评价不够重视，只有好大学在线等少数平台使用了同伴互评，大部分平台专题讨论评价的比重仅占 5%～15%，学

习分析技术较少为教学策略的调整和教学决策服务。从应用效果来看，我国MOOC项目已展开诸多实践探索，将在线教学与传统教学结合起来，践行混合教学；建立区域课程联盟共享学习资源，实现学分互认；开发微专业或专业学位，发展职业教育或专业硕士教育。但无论哪种方式，仍处于起步阶段，规模不大，没有对传统教育起到革新作用。

9.3.1.3 尚未建立健全的质量保障体系

MOOC应是具有完整知识体系和教学视频、能够自动检测与交互、教学团队身份真实、免费开放并伴有增值服务的优质课程资源。如今，我国MOOC建设已初具规模，但却呈现出规格不一、良莠不齐的状态，如部分课程只建立了教学资源型的学习空间呈现教学内容，甚至只有文本、图片材料，缺乏完整的视频资源、评价方法、交互设计与教育服务，完成率较低，多数课程辅导教师数量明显不足，个别教师使用网络昵称，没有实名认证。由此可见，我国MOOC质量问题仍未得到根本性解决，不能保障其资源向高质量、精细化的方向发展，为高等教育实践提供良好服务，难以实现共享扩散与学分互认。对远程教育而言，"质量问题产生的一个重要原因是没有健全的质量保障体系，缺乏基本的质量保障标准和组织实施模式"。为此，建立健全的质量保障体系、明确中国MOOC教学质量和课程认证标准、确定相应的评价方法与实施模式是我国MOOC发展亟待解决的重要问题。

9.3.1.4 市场化程度不高

目前，我国MOOC的运营模式及服务模式尚处于探索阶段，多数项目，尤其是非营利性项目的营利方式仍不明确。部分机构对合作伙伴准入门槛的设定较为自由且增值服务较少（如UOOC及超星慕课等），不仅包括国内顶尖高校，而且吸纳了许多地方性高校和职业技术院校，尽管有利于在规模上扩大资源的扩散范围，但同时造成了院校索取多、贡献少、资金不足及管理难度大等问题，不易汇聚名校名师设计开发优质的课程资源与教育服务，难以吸引大规模的学习者，不易形成良好的品牌声誉与市场基础。另外，参与合作的国外高等教育机构甚少，就掌握的资料来看，只有 MIT 及斯坦福大学等 14 所高校，没有通过任何平台建立国际 MOOC 联盟、开发其他语言的中国式 MOOC、对外输出具有中国特色的课程资源。这在一定程度上表明我国 MOOC 项目在国际环境中的知名度和美誉度并不高，尚未接近世界先进水平，没有真正进入国际 MOOC 市场。在学习结果认证方面，无论是课程结业证书，还是签名证书都只能证明学习者的修课经历，学分认证、学位授予和微专业等较权威的认证机制还处于探索阶段，以致 MOOC 课程质量和学习者的学习成果的社会认可程度仍不高，也影响了用户群体对 MOOC 的采纳动机。

9.3.2 政策环境的瓶颈制约

9.3.2.1 局部改良，变革程度不足

我国高校 MOOC 的建设、应用与推广遵循的是"局部改良"的逻辑思维，尚未形成颠覆性的创新。这里的"局部改良"主要指的是"打补丁"的改革方式，即在高等教育教学理念和人才培养机制的既定逻辑下，针对学校内部课程教学过程中的现实问题进行修整、完善、补缺，或者根据经济社会对人才结构和培养规格的新需求，补充新的做法。如前所述，大多数高校只是将 MOOC 定位于"推动教学改革的新方式"或"扩展性的教与学资源"，而不是"面向社会的大规模开放教育资源"；只是将 MOOC 作为课程建设的一部分，交由教务处常规管理部门负责，而不是成立新的机构或整合校内各部门职能专门推进 MOOC 的建设与发展；只是将 MOOC 应用于校内通识课程教学，而不是深层次的专业课程教学；只是在一定范围内认可 MOOC 学分，尽可能地迎合既有的学分制度，而不是制定新的学分认定标准与措施。例如，有些工科院校明确指出"学校需要人文方面的任课教师及有针对性的优质资源，所以应用 MOOC 主要目标在于为学生扩展课程资源，以弥补本校教学资源在公共通识课程方面的缺失"。这显然是一种问题导向性的逻辑，根据在线教育发展的新形势，依托 MOOC 平台，针对高校教学系统中的问题，进行地局部微调与改良，以达到改善教学法，提升人才培养质量的目的，并未涉及高等教育教学生态系统的结构化变革和高

校人才培养体制框架的革新性突破，从而既不利于校园信息化教学改革的全面深化，也限制了MOOC与高校教学系统融合创新及其共享扩散的程度。究其原因，本文认为可能是MOOC的教育模式与我国高校现行的教学制度及课程体系之间的矛盾较为突出。我国高校经过长时期的转变与发展已形成了一套行之有效且相对固化的教育模式。在这种模式及与之相适应的教育体制的"关照"下，高校建立了系统的、面向群体的教与学组织，并在教学中尊重认知科学和集体学习的特征与规律，有效地实现了高等教育的社会化。MOOC意味着对现行高等教育模式的"破坏性创新"，在高等教育信息化"应用—整合"的过渡阶段，将MOOC融入现行的高等教育框架体系，势必会引起高校教学模式、组织模式、管理模式和服务模式的调整或变革，甚至对高校的既有教育成果和教学系统内部的利益配置产生影响。而我国高校行政管理部门通常从既得利益出发进行顶层设计，过于看重已取得的教育成果，面对改革抱有审慎心理，缺乏革命勇气，担心对全面深度变革之后的局势难以掌控，反而影响MOOC的持续发展，甚至影响整个教学组织机构的运作及相关职能的发挥。为此，面对MOOC带来的挑战与机遇，顺势对校内课程教学的任务目标、组织机构、决策手段、人员配置和管理制度进行局部调整，从而循序渐进地推动MOOC的建设与应用，成为我国大部分高校所采取的理想对策。但是，这种管理与决策的行为与方式远远滞后于互联网技术和现代远程教育的发展，以至于现行的高等教育制度得不到及时更新、不能与时俱进，这必将导致高校MOOC建设应用与传播推广的效果大打折扣、不尽人意。

9.3.2.2 MOOC政策尚未关联教师的评价机制与利益链条

从本研究的调查结果来看，高校已在政策制度和文化环境上为MOOC提供了诸多支持，表明了其对MOOC建设与发展给予的重视态度。但与此同时，仍有高校明确指出"目前70%以上的教师对MOOC平台的运行机制以及基于MOOC的教与学模式（如混合教学、翻转课堂等）的了解不够，甚至存在误区，应用态度也不端正，以至于MOOC在实践领域中的应用推广效果十分有限"。这说明尽管MOOC在人才培养和教学改革中的价值性颇高，也受到了高校的深度关切，但是在课堂教学过程中仍被大多数教师有意或无意地抛弃了。教师在学校"鼓励动员""经费支持""产权保障""教学奖励""观摩培训"等政策的驱动下，表现得较为"被动"，参与 MOOC 教学并非出自于"热爱"，而是迫于"压力"和"无奈"。另外，教师加入 MOOC 的主要动力本应来自其提升学术影响力和社会知名度的渴望与欲求，但研究表明，我国大学教师社会责任感与服务意识的培养并未受到高校行政部门的重视与教师自身的关注，这显然不利于 MOOC 在我国高等教育领域的本土化建设与应用。相关研究表明，中国大学教师群体的关注点主要集中在"考评体系、大学行政化、工资待遇和教师素养"四个方面。基于此，本文认为出现上述问题的原因很可能是目前我国高校 MOOC 的相关政策还没有与教学绩效的评价体系及教师的利益链条发生实质性的联系。教师在 MOOC 的开发、制作和教学实践上投入了大量的时间和精力，但在教学考核和评职称上却得不到认可，以至于他们中的大多数人不能对 MOOC 等在线教学资源给予应有的重视。为此，如何将 MOOC 的建设应用与教师的职称评定、工资待遇及素质培养等政策挂钩，提升他们对 MOOC 的关注度，是我国高校 MOOC 建设与应用过程中需要克服的一个重要瓶颈。

9.3.2.3 应用推广的内生动力明显不足

尽管 MOOC 在我国高等教育实践领域仍属于新鲜事物，国家和地方各级政府的教育部门也出台了诸多鼓励应用 MOOC 的政策文件与发展规划，但面对 MOOC 这一舶来品，高校对其应用推广的内生动力仍明显不足，集中表现在以下三个方面。从应用目的来看，高校主要将 MOOC 用于探索教育教学的新模式，促进教学的"局部"改革，提升人才培养质量，但由于受到传统教育理念、目标定位、办学模式、管理手段、运作机制及学习文化等因素的制约，面向社会的开放程度不足，在推进资源免费共享和扩大教育民主方面缺乏动力；从建设模式来看，高校在联盟发展层面，尤其是校际共建、校企优势互补模式的应用上缺乏动力，不利于市场化机制的形成；从应用效果来看，高校时常抱有审慎心理，缺乏大规模共享扩散的动力，虽然投入了大量的人力、物力、时间、经费和技术用于 MOOC 资源建设，但只能在本校或课程联盟内部共享，覆盖规模较小、取得效益较低，没有体现应然的教育价值。本研究认为产生上述问题的主要原因除了大学核心职能与发展方式的转变之外，还可能源于我国高校自身特有的制度环境及文化习惯。首先，尽管人才培养在理论上是大学的首要职能，也是其核心任务、根本任务，而优质教学是人才培养的质量保障，但从高等教育的发展实践来看，当前科学研究职能已在大学中占据核心地位，人才培养职能正在由中心走向边缘，教学工作的基础地位日益削弱，所以MOOC教学只能被大多数高校视为非核心业务，如作为课程资源的有效补充。其次，我国绝大部分高校属于公立性院校，受政府管理与扶持，由国家财政补给与资助，生存压力不大，但发展路线亦受制于教育主管部门的政策导向与宏观调控，市场化程度偏低，从根本上缺乏MOOC应用推广以及持续改革的内在动力和制度环境。高校只有将工作重心和办学目标置于校内的教育改革及其质量的有效提升上，才能够维持自身的常态发展，因而对面向社会学习者的教育服务和市场化模式关注度很小。再次，高等教育系统是社会大系统的子系统，受经济、政治及文化等各种环境因素的制约。由于受中国历史传统和社会文化环境的影响，长期以来我国高校形成了较为封闭的思想理念和管理意识，开放教育及共建共享观念尚未深入人心，加之东、中、西各区域高等教育发展水平极不平衡，高校之间的资源壁垒极为突出，不利于校际或校企之间展开深度合作，以至于大规模的、跨区域的课程联盟较少，且难以形成有效的运转机制，如学分银行机制。

9.3.2.4 尚未建立虚拟与现实相互融通的教育制度体系

MOOC已在一定程度上突破了高校之间的地理界限，使原本传统的、明确的、实体化的教学组织虚拟化，为高校践行开放的在线教育和校园的实体教育带来了双重发展机遇。可以说，"MOOC能够为在校生和社会学习者同时提供更加优质的教育服务"。相关研究表明，大数据能使全球学习者都来为课程纠错，有助于改进教师教学；面向社会大众提供MOOC，有利于提升高校教学质量。但是，目前我国高校尚未建立起虚拟（开放教育）与现实（学校教育）相互融通的、良性循环的教育制度体系，既不利于人才培养和社会服务职能优势的发挥，又不利于 MOOC 的应用推广与共享扩散。出现上述问题的主要原因可能在于，我国高校对 MOOC 在开放教育方面的优势和收益并没有给予高度重视，开放的高等教育制度仍不健全。本研究的调查结果显示，在线课程的质量保障制度、信息化教学支持服务制度、学分累积与认定制度、持续的经费保障制度、教学管理制度、教师激励制度、课程联盟发展制度以及课程应用与推广等制度都是支持高校 MOOC 发展的刚性需求。但大多数高校对开放教育制度的探索仍处于初级阶段，短时间内还不能建立起较为完善、健全的制度框架体系，更不用说与学校的实体教育制度相衔接。一些院校只对 3-4 项在线教育制度有所涉及，个别院校还没有制定任何相关制度。另外，既有制度的关联性并不显著，又有彼此之间的协同作用没有得以发挥。如何在整体上对 MOOC 的建设、应用与推广进行统筹规划；需要建立何种机制打破高校之间的资源壁垒，协调校企之间的利益冲突；如何在联盟发展的基础上，建立共同的质量标准与认证体系；"学分银行"的框架标准和运行机制是什么；怎样通过课程价值的判定进行学分认定，扩大学习成果的认证规模，这些都是制度层面上不可回避且亟待解决的问题。

10

我国高校MOOC创新扩散的路径选择

技术的发展为高等教育的教与学方式创新提供了更多的可能性,但技术本身却不能引起高等教育教学系统的变革。这种教学系统变革的程度取决于高等教育管理者与实践者的技术应用的程度。教育技术可以支持和维护教育现状(保守使用、不产生任何变化),也可以补充和扩展教育现状(实现改进和重组),还可以推翻和变革教育现状(实现革新)。同样MOOC创新扩散的目的,绝不仅是简单地支持与维护目前的高等教育现状或促进高校现有的教学模式、组织模式和服务模式发生较小程度的改进和重组,而是通过优质课程资源的"引进、建设—采纳、应用—共享、扩散"逐步推进高等教育生态系统的体制、机制的转变和人才质量的培养。其具体目标是以MOOC等网络学习资源在高校课程教学中的普遍应用为契机,促进在线教育教学模式和管理服务模式的制度化,推动高等教育教学系统的发展变革,提升广大师生应用教育技术创新教与学方式的能力;以校企之间的联盟发展为契机,致力资源共享与教育公平,进一步促进高等教育的均衡发展,提升社会公民的整体素质。为此,对高等教育系统而言,MOOC应是一种需要引导才能体现其真正价值与功能的应用课程。

10.1 高校MOOC创新扩散的理论借鉴与政策环境

在明确高校MOOC创新扩散本质特征与创新扩散系统的基础上,分别从客体视角和主体视角,对MOOC创新扩散的动因进行了分析,一方面揭示了MOOC的破坏性创新特征与扩散价值,另一方面探讨了高校内外主体推动扩散的动力与阻力。接着,根据设计的内容分析框架与调研问卷,系统疏理了国内

MOOC 创新扩散的现状。这些都为 MOOC 的创新扩散路径的设计奠定了基础。除此之外，从系统的角度看，MOOC 的创新扩散牵涉高校内外诸多组织机构，既需要创新扩散相关思想的理论指引，又不能脱离我国开放在线课程建设、应用与管理的政策环境。

10.1.1 理论借鉴：中心化扩散与非中心化扩散的逻辑统一

根据创新扩散理论，创新扩散系统可一分为二，即中心化扩散系统和非中心化扩散系统。基于此，创新扩散模式涉及中心化扩散和非中心化扩散两种系统模式。中心化扩散系统模式的基础是相对线性的、自上而下的、单向沟通方式，强调管理阶层和技术专家的权威性以及创新成果的专业性和科学性，但由于以技术创新本身为中心，再创新的实现程度较低；非中心化扩散系统模式应用范围十分广泛，其基础是聚合式的、水平式的沟通方式，以实地需求和面临问题为导向，强调用户之间的信息共享，从而达到互相理解与再创新（技术发展目标与用户需求的融合）的目的，但由于创新实践的非专业性和结果评估的非正式性，创新策略的运用不合理，难以很好地解决现实问题，以至于很容易在缺乏质量保障的前提下，生成无意义的创新。为此，非中心化扩散模式对系统内部创新采纳者的能力具有一定要求，亟须其能够通过科学合理的决策影响并支配整个扩散过程。综上所述，本研究认为中心化扩散系统模式和非中心化扩散系统模式在功能上恰好是互补的，在逻辑上是不可分割的统一体，没有绝对的界限。所以，在现实中扩散系统模式往往同时具有中心化和非中心化的特征。在某一组织系统中，如果正在扩散的创新具有很高的技术质量，那么中心化扩散模式会比非中心化扩散模式更有效；反之，如果正在扩散的创新技术标准不高，并且采纳者所处环境相对"异质"，非中心化扩散模式相对而言更为合适。为此，可以将二者整合起来，形成混合扩散系统模式。

长期以来，在高等教育信息化的发展进程中，"人们往往着力于权威决策（自上而下的任务式推广，忽略了群体和个体决策在教育技术应用推广中的重要作用。师生（尤其是教师）是参与教学改革的主体，其教学（或学习）态度、行为与决策是影响教育技术被广泛采纳与持续应用的重要因素。迈克尔富兰

（Michael Fullan）曾指出"只有教师认同，才能改革；只有教师转变自身的动机、态度和价值观，才能掌握新的技术"。为此，对 MOOC 而言，其创新扩散的系统模式与决策类型应是混合型的，即以中心化扩散和非中心化扩散的逻辑统一为指导原则，在高等教育管理者、决策者与教育技术专家的权威决策的基础上，重视师生群体和个体的决策过程。根据对早期采纳者和创新代表人等少数个体行为与态度的分析，进一步提出影响群体决策行为的有效路径，从而促进 MOOC 资源及其潜藏的教育价值与我国高校教学系统的深度融合，将 MOOC 本土化应用推广落到实处。

10.1.2 政策环境：自主建设、应用共享与规范管理

如今，教育政策在高等教育教学革新发展过程中的地位日益凸显。作为高等教育的一种行为准则，教育政策具有制度化和程序化的特点，不仅以自身的合法性强化了行为准则的权威性、普遍性和秩序性，还在组织上营造了开放的环境，引导教育实践活动的逐步开展，为教育行动的转变明确了方向。MOOC 为中国高等教育信息化建设与发展提供了重要契机，受到了研究者、实践者与管理者的广泛重视，如何应用 MOOC 促进高等教育教学改革，已经成为了我国政府部门持续关注和亟待解决的热点问题。为适应世界 MOOC 的发展规律与趋势，积极应对高等教育教学改革的挑战与机遇，教育部于 2015 年 4 月出台了《关于加强高等学校在线开放课程建设应用与管理的意见》（以下简称为《意见》），以期在借鉴国外先进经验的基础上，结合我国高等教育的学科优势与办学优势，以 MOOC 为契机建设具有中国特色的课程平台，构建开放的高等教育生态系统，推动优质学习资源的大规模共享扩散，促进教育公平。同时，《意见》还在遵循国际开放教育发展规律和我国高等教育现实问题的基础上，将推进信息技术与高等教育教学的深度融合、促进学生的个性化发展以满足学习者多样化的终身学习需求作为着力点，围绕"自主建设、应用共享和规范管理"三个方面，从总体上明确了以 MOOC 为代表的开放课程资源的发展思路。这一思路不仅与《教育信息化"十三五"规划》之"服务全局、融合创新、深化应用及完善机制"的工作原则相一致，而且在教育部关于《2018 年教育信息化和

网络安全工作要点》中得以进一步强化，具体指导思想如下。

第一，以"特色、优质、持续、自主"为原则，建设课程资源。具体工作任务包括：采取"高校主体、政府支持、社会参与"的方式，支持具有学科专业优势和现代教育技术优势的高校，建设以 MOOC 为代表、应用与服务相融通的优质在线开放课程；采取"先建设应用、后评价认定"的方式，综合考察教学内容与资源、教学设计与方法、教学活动与评价、教学效果与影响、团队支持与服务等各种因素，认定国家精品在线开放课程；采取"申报、专家遴选"的方式，选择基础良好、技术先进、安全稳定、优质资源集聚、服务高效的平台，认定为开放教育的公共服务平台。

第二，以"应用驱动、建以致用"为原则，着力推动 MOOC 等开放教育资源的广泛应用。首先，要鼓励高校结合人才培养目标和需求，创新优质教育资源的实际应用模式，推动大规模在线开放课程的扩散共享（尤其要面向西部）以及不同类型小规模定制在线课程在校内校际、线上线下混合式教学中的应用，促进以"学"为中心的教与学方式的变革。其次，建设虚拟仿真实验教学中心与信息化教学实践平台，充分利用信息技术实现各种教学实验的逐步开展。再次，处理好"引进来"和"走出去"的关系，在借助课程平台面向国际推广我国优质资源的同时，积极引进反映学科前沿且具有先进教育理念和教学经验的自然、工程与技术等相关学科的课程。最后，在保障开放课程平台公益性和服务性的同时，积极探索课程资源与教育服务的市场化运营方式。

第三，以"规范管理，权责分明"为原则，建立并完善在线教育管理制度。一方面，明确高校、企业等各个机构的主体责任，强化建设主体的自我管理机制，规范在线开放课程引进、建设、应用和推广的工作程序；另一方面，鼓励高校改革教师管理与评价制度，将教师建设和应用在线课程合理计入工作量，同时根据教师的需求变化和技术发展，为其提供相关培训。除此之外，还要推进学分认定和管理制度的创新，将学生的在线学习成果纳入学分管理，对课程质量与运行效果进行监测与评价。

10.2 高校MOOC创新扩散的路径设计

在线教育的真正要义在于"如何通过技术的发展促进高等教育变革，从而进一步影响高校的运作方式"。如前所述，作为在线教育的组成部分，MOOC的发展还处于初级阶段，其优势与不足均十分明显，尚不能对传统高等教育系统产生革命性影响。但以MOOC发展为契机，在认同MOOC及其背后潜藏的"教育智慧""技术智慧""商业智慧"的前提下，结合多年来开放教育的成果与经验，通过再创新的方式，使其在信息化教与学环境下生成诸多变式，不断完善与发展，并进一步共享扩散，从而在教学模式、技术模式、组织模式和服务模式等方面，促进在线学习系统的发展和高校混合教学的改革，对整个高等教育生态系统的变革而言，确实具有一定的现实意义。

长期以来，为学生提供以"低成本、高质量、大规模、多机会"为特征的高等教育一直是研究者、决策者和实践者们不懈追求的目标。然而，作为影响课堂教学效果的三个向量，"规模（或机会）"（Scale或Access）、"质量"（Qualty）及"成本"（Cost）之间相互制衡的关系形成了束缚传统教学的"铁三角"。这也使高校的教学方法改革和教学环境改善受到了诸多制约。如果提升质量（如提供更好的学习资源），可能会增加成本，缩小规模（或减少机会）；如果扩大规模（如学习者容量），可能会影响质量；如果减少成本，可能会限制规模，降低质量。然而，研究表明"技术已经提升了生活中大部分产品和服务的实用性和成本效益，使优质教育能以低成本得到扩大"。为此，通过信息技术手段撬动这个"铁三角"，弹性处理规模、质量及成本之间的关系，使"铁三角"可以灵活自由地延展，利用较低成本提供较大规模和较高质量的高等教育，是深化高等教育教学改革的突破口。作为高等教育信息化的典型代表，MOOC凭借其开放性和可扩展性等创新特征，面向世界传递了免费优质的课程资源与增值的学习服务，在一定程度上，提升了高等

信息化教学推动职业教育现代化的探索研究

教育的民主性与实用性,平衡了高等教育规模效益、质量效益和成本效益之间的矛盾冲突。为此,从扩大规模、提升质量和减小成本三个视角出发,推进 MOOC 本土化的创新扩散,不仅契合创新扩散理论的思想内涵与我国高等教育的政策导向,还体现了高等教育研究者、管理者与实践者关于深化高校教学改革的共同期待。

另外,MOOC 是源于"名校、名师"的品质课程,除 MOOC 运营机构、部分国家开放大学或远程教育大学之外,国内外知名的高水平大学也对 MOOC 创新扩散具有重要影响。这些机构不仅拥有优质的高等教育资源、高水平的管理团队和注重教学学术的师资队伍,还凭借自身的学科优势、教学优势和人力优势,长期致力探寻合适的教育技术,试图通过教学改革为学生提供高效及高质量的高等教育,并将高等教育国际化和社会化科学与文化的协调发展作为使命与责任。根据创新扩散理论,这些高校及其教师团队应是 MOOC 教育实践的创新者、早期采纳者和早期大众,也是促进 MOOC 与高等教育教学深度融合的创新代理人与舆论引领者。为此,通过路径设计充分发挥上述组织系统及相关群体的先导作用和引领作用,并不断提升其自身的学术声誉与社会影响力,从而影响其他机构与教育群体应用 MOOC 的态度与改革的决策,是推进 MOOC 在我国高等教育系统中创新扩散的切入点。

基于前述分析,再综合 MOOC 创新特征、扩散动力、本土化建设与应用现状,创新扩散系统模式的理论指引及高等教育政策的现实关照,围绕国内 MOOC 的早期采纳机构(如顶尖高校及主流平台)与关键群体(如知名教授、大学生和教学管理人员),本研究将"规模""质量""成本"三个向量分别映射到"引进与建设""应用与实践""管理与服务"三个层面,从而构建了我国高校 MOOC 创新扩散的路径体系。

第一,在引进与建设层面,以专业性与聚合性相结合为原则,提供规模适宜、可供选择的课程资源,满足师生的个性化教与学需求。一方面,可以借助教育技术专家与高校知名教授的专业指导,根据学习者、学科建设及 MOOC 平台的发展需求,有针对性地引进国际高质量课程资源;另一方面,开发具有中国特色的生态化 MOOC 资源,体现我国本土教育思想与学习文化,在保证高校课程资源的优质性与特色性的同时,吸引教师与学生的广泛参与,创新 MOOC 教育实践模式。

第二,在应用与实践层面,以革新性与共享性相结合为原则,提升高校教学水平与公民的整体素质。首先,构建高校学习型组织,通过 MOOC 创新课程教学与学习模式,基于大数据学习分析技术改革教学管理与评估模式,并构建新的学习文化,以促进在线学习与传统教学的深度融合,重塑大学教学生态系统,发展学习科学;其次,在创建多样化、多层次课程联盟的基础上,面向公众推送优质 MOOC 资源,服务区域社会,发展职业教育。

第三,在管理与服务层面,以新的价值网络与制度支撑相结合为原则,将不能直接产生利润的课程整合到网络商业模式之中,寻求削减高等教育成本的新思路。在完善"互联网+教育"的物理设施与技术环境基础上,建立 MOOC 公共教育服务平台,探索开放的高等教育教学制度,以构建开放教育的管理模式与服务体系。

10.3 推进高校 MOOC 创新扩散的具体路径

10.3.1 引进与建设:专业性与聚合性相结合

从开放性和可扩展性上看,MOOC 很好地延伸了"规模"这一向量,从课程资源、教学模式、学习方式和教育服务等方面,为高等教育的教与学增添了越来越多的选择机会,不仅以学习者为中心,根据其各自的学习需求、动机、兴趣与爱好,为其提供免费学习、自由选择、自主探究、相互协作及成果认证的时间与空间,同时为教师利用互联网技术生成与共享新的课程模式与教学设计带来了机遇。无论是教师,还是学习者,乃至教学管理者都深切、直观而又个性化地感受到了这种影响,肯定了 MOOC 之"大规模"的创新价值。为此,引进与建设优质的课程资源是推进高校 MOOC 创新扩散,深化教学改革的重要前提。根据创新扩散理论,在原则上需要把握资源引进的专业性与平台建设的聚合性。

10.3.1.1 有针对性地引进国际高质量的MOOC资源

MOOC打破了传统教育的时空界限，造成了国际名校名课的大规模共享扩散，为弥补我国教育资源的不足提供了机遇。我国需要在遵循国际开放教育的发展规律，引进且充分利用国际优质MOOC资源的基础上，借鉴国外先进经验，融入中国特色元素，进行变革与创新，打造中国式MOOC平台，从而吸引更多的教师和学习者加入进来，推进高校MOOC的本土化建设、应用与发展。根据创新扩散理论，中心化扩散是一种"专家—用户"的自上而下的系统模式，技术专家在其中充当了创新代理人的角色，通过技术推进与学术研究明确已有创新的扩散效果，并对整个扩散进程具有一定的控制作用。这不仅有利于创新扩散速度的提升，还保证了创新成果的科学性与专业性。高等教育的功能在于"传递深奥的知识，分析、批判现存的知识，并探索新的学问领域"。大学需要围绕高深学问，用新理论、新知识、新技术更新教学内容，调整专业培养目标和建设重点，优化人才培养方案，推进教学改革，提升学科优势特色与专业集中度，以实现对传统学科专业的更新升级。为此，通过知名教授、学科专家、教育管理者、教育技术专家及行业精英的共同参与和专业支持，引进、加工、改造与应用国际优质MOOC资源及其实践模式，确保国内MOOC共享扩散、平台建设和教学改革的科学性与专业性，维持高深学问的前沿性与适切性，促进高校办学水平的提升与学科专业的转型升级，显得十分必要。

首先，鉴于创新结果及其影响的不可预期性，采纳创新之前需要对其进行价值预判。通过对相关信息的搜集，可以减小理想目的与现实结果之间的不确定性，如创新的主要特征是什么、如何应用及其有效性等。为此，深刻理解MOOC的本质特征，充分认识MOOC的实践意义，并在此基础上，汲取相关专家的推送建议，预测其中可能存在的成本风险、教育价值与经济收益，是选择并引进国际优质MOOC资源的重要前提。这不仅可以保证MOOC的质量，优化课程平台，促进教学改革，提升办学水平，汇聚大批的学习者，而且在一定程度上，协调了我国对国际优质课程资源的渴求与审慎引进之间的心理矛盾。具体而言，需要从三个方面对其价值进行考量。第一，审视MOOC的学术性与适切性，如某一（类）资源在教育、技术及运营等方面是否具备学习与借鉴价值，是否能满足学习者的学习需求，是否体现了学科与专业特色，引进成本与渠道是否存在困难，是否传播了西方殖民主义的意识形态，是否会对国家利益、教育主权与政治安全造成不良影响等。第二，需要将国际MOOC与我国高校的发展目标联系起来，充分结合高校实际，着重从以下指标对所引进的课程资源进行评价，主要包括办学特色与学科优势的凸显度、课程内容的更新度、教学模式的创新度、教学质量的提升度、校内外学习者对国际优质资源的接受度以及教师教学水平和教学学术能力的达成度等。第三，应考察国际MOOC资源对国内平台建设的影响情况，如是否有利于优化课程资源、吸引更多的学习者、增加预期收益或提升市场竞争优势等。

其次，需要对引进的资源实施再创新，使之具有中国本土特色。国际MOOC资源大部分来自国外开放平台，学习者可以通过在线访问免费获得，若不对其进行改造加工，则引进的价值并不大。为此，对这些资源的改造不能过于简单或直接推送，必须要精细加工。研究表明，"语言是影响当前中国学习者深入而全面参与MOOC学习的主要问题之一"，所以主讲教师和辅导教师首先要学习课程的全部内容，并联合学科专家、翻译组织及志愿者组成MOOC翻译团队，翻译课程视频，同时利用各种方式为学习者提供实地学习支持服务，通过学业指导帮助他们深入理解教学内容，构建知识体系，引导学习者对国外高校的文化思想与学术思维模式进行甄别、选择与判断，形成个人的独特见解。另外，基于MOOC的创建是由中外教师构成的教学团队完成，学习者在学习国外网络教学经验的同时还可以探索中外合作教学模式及相关的教学学术，并为学习者提供与外国教师进行交流的机会，以更好地促进其有效学习。最后，需要对整门课程的教学效果进行形成性评估和总结性评估，获取教学经验，从而以此为依据优化下一轮的课程教学。

10.3.1.2 建设中国特色的生态化MOOC资源

研究表明，"感知有用性和内在动机对MOOC用户的持续使用意愿有显著影响；期望确认对感知有用性和内在动机有直接影响；MOOC的内容质量对感知有用性和期望确认有直接影响,并通过这两个变量对持续使用意愿产生间接影响;社交化互动对期望确认存在显著正向影响;自主性对感知有用性有直接影响,并通过感知有用性对持续使用意愿产生间接影响"。为此,设计开发优质 MOOC 资源,不仅应提升 MOOC 的内容质量,增强用户的感知有用性,还要创建社会性交互环境,为学习者提供互动性的学习支持,通过师生主体间的协作与交流,提升学习者的主体性与自主学习能力以及教师的社群影响力,保持他们参与 MOOC 活动的内在动机,进而汇聚越来越多的教师和学生,产生一定的聚合效应。MOOC 为"互联网 + 教育"提供了可操作的实践模式,创建了在线课程交易市场,使顶尖大学的优质课程资源由相对分散变得相对集中,在世界范围内最大限度地促进了资源共享与教育公平。cMOOC 基于联通主义学习理论,构建了网络分布式认知学习模式,为在线教学的发展指明了方向。其中,xMOOC 较为注重课程内容的传授以及学习分析的教学方法与盈利途径,忽视了高等教育过程中的社会性互动,尽管吸引了大规模的学习者,但不易形成持续的师生聚合效应;cMOOC 提倡学习和评价的社会性与自组织性,但不具备可行的运营模式。由于课程设计的作用层面不同(前者重视环境建设,后者重视教学设计),两种 MOOC 不仅不相互排斥,还具有一定的互补性,相互结合会更有效。基于此,本研究认为,可汲取国际 MOOC 的成果与经验,从教学环境和教学法两个方面入手,设计开发体现中国本土教育思想与学习文化的生态化 MOOC 资源。

　　第一,以生态教学论为基础,构建 MOOC 教学环境的生态系统。首先,生态教学论把教学系统视为由教学理念、教学主体和教学环境等多个要素共同构成的完整教学实体,承认教学活动的复杂性,认为任何教学理论(行为主义、认知主义、建构主义、联通主义等)只能从某一层面对教学规律进行诠释,各种理念的价值取向既不同又互补。MOOC 并非传统教学的"网络搬家",其教学活动也较为繁杂,所以需要在整合各种理念的前提下,综合运用多种教学模式(讲授式、探究式、协作式及任务式等),构建多样化的学习路径,以不同的形式呈现课程内容,促进有效教学的发生。其次,根据生态教学论,教学环境具有自组织性与多样性,师生都属于教学主体,异质、多元、民主、平等,为了同一任务目标自发组成教学共同体，通过自主探究与平等对话促进知识意义的建构与主体性的塑造。为此，要重视师生之间的同步交互及学习者与学习内容之间的深度交互，构建开放联通的社会化MOOC学习环境，充分发挥学习者的主体性和自组织性，使其具有更多的自我意识组织学习活动，并针对学习行为进行更多的评价、反思与调节。再次，在生态化教学环境中，教师的教学实践与学生的学习经历依托于具体情境，需要借助各种资源获取教学材料与学习信息，选择并同化与特定情境具有关联的信息，同时通过有效的交互形式向环境输出信息，推动知识共享与资源共建；生态化教学环境应具有一定的弹性适应功能，可以支持个体的不同需求与特征，为其提供个性化服务。为此，要充分利用信息技术的优势，汇集丰富的数字化学习资源，构建支持多终端的学习系统，将教育服务从单一的MOOC平台扩展到日常学习环境，促进学习支持服务的常态化。最后，还需要采用多元化的评价方式，提升过程性评价的比重，注重即时反馈，增强学习者的内部学习动机。

第二，将具有中国本土特色的教育文化与教学法融入MOOC教学设计与教育实践的各个环节。"以孔子为代表的先秦儒家学说是医治现代工业社会各种顽症的最有效的综合性处方，其在教育目标、教育作用、教学对象、教学内容、教学过程及教学方法等方面已形成了较为系统的思想理论，至今仍在各级教育中发挥作用，不仅为中华民族教育思想体系的建立奠定了坚实基础，还在世界教育领域占据着崇高的地位。"从教育发展史来看，孔子是中国本土学导式教学法的创始人，其教育教学经验已在多年来的教学实践中获得进一步的丰富和发展，归纳起来，主要包括四个方面。一是通过平等对话的方式（如问答式）引导学习，如《论语》就是孔子与诸弟子之间关于"仁、礼、政"等问题的讨论；二是营造和谐、民主、开放的教学氛围，如"有教无类、教无定法"，"当仁，不让于师"，"三人行，必有我师焉"等；三是重视激发学习者学习的主动性，如"不愤不启，不悱不发"等；四是启发学习者独立思考，培养其思辨能力，如"学而不思则罔，思而不学则殆"。从内涵上看，这些思想与方法不仅契合生态教学论的若干原则，还与开放的教育理念和高深学问的建构方式相对一致，也具有一定的操作性与有效性，因而可应用于MOOC日常教学设计与教育实践之中，为中国式MOOC教学质量的提升与本土特色的形成，以及国际MOOC实践模式的创新提供理论指导与现实依据。

10.3.2 应用与实践：革新性与共享性相结合

MOOC从革新性与共享性两个方面延伸了传统高等教育"铁三角"的"质量"这一向量。一方面，MOOC的兴起带动了在线技术在高等教育领域不断渗透，"以学为中心"的教与学、知识共享和大数据学习分析日益成为高校教学模式、管理模式与服务模式变革发展的动力，推动高校构建学习型组织，促进教学改革，提升人才培养质量；另一方面，MOOC面向全球大规模学习者共享课程资源与学习内容的同时，以破坏性创新的方式延伸了高等教育的认证范围，将学习成果从正式的大学学位、官方的技能证书及从业资格许可扩展到非正式的课程学习效果，将认证方式从现实扩展到虚拟，将认证空间从线下扩展到线上，不仅增加了学习者扩充知识技能的机会，并为其提供了更加多元的学习凭证，还推动了高等教育评估与质量保障取向从投入向产出发生转变。

10.3.2.1 构建学习型组织，重塑高校教学生态系统

根据美国麻省理工学院教授彼得·圣吉（PeterM·Senge）的描述，学习型组织是"通过培养弥漫于整个组织的学习气氛，充分发挥员工的创造性思维能力建立的一种有机的、高度柔性的、扁平的、符合人性的、能持续发展的组织"。它涉及建立愿景、团队学习、改善心智、自我超越和系统思维五项要素。基于此，高校的学习型组织应具有如下特征，以大学生个体发展为共同愿景；师生之间是利益共同体关系，通过社会性协作与交流促进学习；教学氛围与学习文化民主、和谐；管理与服务机制弹性化，能够主动识别与感知高校内外环境变化，灵活应对各种挑战。研究表明，作为学习型组织的高校与高等教育信息化之间是一种互惠互利的关系："一方面，后者为前者的内部学习、交流协作与知识共享以及外部信息沟通创造了条件；另一方面，前者为后者的持续发展提供了文化与制度上的环境支撑。"为此，通过MOOC与高校课堂教学及学习服务的深度融合，促进教学结构与模式、教学共同体、

教学管理以及学习文化四个层面的变革，以构建大学内部的学习型组织，既可以促进MOOC在高等学校的创新扩散，又对高校教学生态系统的信息化革新具有一定的推进作用。

（1）以MOOC应用为契机，推动高校教与学模式的创新以及师生角色的转变。如今，我国高等教育信息化已进入"应用—融合"的过渡阶段，教育信息技术应用能力的提升是这一阶段的主要任务。对高校而言，着重表现在信息化背景下的高校教学模式和学习模式的革新，乃至教学结构（如师生角色）的转变。所以，高校应把握MOOC的应用契机，以促进学习者个性化认知发展为核心目标，结合办学特色，创造性地利用以互联网为基础的信息技术手段，探索新的教学模式，提高教师教学水平，同时帮助学生建构信息化学习方式与学习思维，增长其自主学习能力，从而提升人才质量的培养。如前所述，无论是传统教学模式，还是基于MOOC的教学模式都有其优势所在。实质上，MOOC与传统课程并非对立，有很多理论支撑、方法性指导在两类课程设计与实践中是通用的。为此，高等教育的课程教学模式不应是单一的，应是多样的、混合的，即可通过MOOC等优质资源与传统教学的有机融合实现"虚拟与现实、主体与环境的双向构建"。另外，从教学结构层面上看，教师是大学教学的主体，其学科知识水平、科研素质和教学能力，在教学过程中具有极其重要且不可替代的作用，MOOC的发展有赖于名师的努力。全面深化高校教学改革，主要取决于教师教学水平的提升。

为此，高校应首先建立具有信息化教学意识和服务意识的师资队伍，并采取措施创建宽松开放的教学环境，变革长期以来"重研轻教"的教师评价制度和教学工作量的管理制度，如将教改项目纳入教师的科研成果以协调教学与科研之间的矛盾，通过教学激励机制鼓励教师积极地学习并尝试应用MOOC，基于部分整合和全部整合等多种方式，创新校园混合教学模式，为学生个性化学习提供指导与服务。其次，MOOC支持下的混合教学在教学主体及流程方面对传统高等教育教学系统造成了不同程度的翻转，进而推动教学时空和课堂教学的重心发生了一系列的变化：教师教学时间越来越少，学生学习时间越来越多；课堂教学的重心逐渐发生偏移，基础知识的课堂讲授被课下的自主学习所取代，协同作业、小组讨论及成果展示成为师生互动的主要形式。在这种教学环境下，师生角色与地位产生了一定的变革。教师更多是由台前转移到幕后，由"领衔主演"转变为整个教学团队的"导演"，学生成为了"演员"，甚至"主角"，"搭好台、让演员唱好戏"是"导演"的主要职责。为此，教师不仅要能传授知识，还要会改造知识，具备知识传播的学术，即教学的学术，从传统课堂的教学者转变为教学学术的研究者、学生学习的引导者和教学团队的管理者。一方面，需要改变思路，以学生学习为中心，将学生学习活动规律与生成机制作为教学研究的突破口；另一方面，要根据学校的人才培养目标，选择、改造 MOOC 的视频内容，而不是照搬名校课程。与此同时，组织并协调校际或校内教学团队，借助 MOOC 混合教学的优势透析有意义的学习模式并调整教学设计，提升学生在整个学习过程中的主体性、求知欲及表现欲，促进其知识内化与深度学习。

（2）基于 MOOC 建立社会性的教与学共同体。在 MOOC（尤其是 cMOOC）支持下的教学环境中，资源提供者、共享者与学习者之间并没有绝对的界限，也不是单纯的、自上而下的师生关系，而是一种教与学的利益共同体，彼此之间是相互关联、相互共享及相互贡献的关系。基于此，高校教学系统中每一个成员（尤其是教师和学生）都是教学的主体，且为异质的个体，每个人都是具有话语权的"专家"，都应获得尊重，需要在民主、平等、和谐的交互氛围的基础上，建立师生之间、教师之间和学生之间的教与学共同体，既包括教师社群和学生社群，又包括校际社群与校内社群，还包括正式学习社群和非正式学习社群。一方面，共同体成员可通过各种形式的 MOOC 教育实践，在社会性的协同、讨论、批判、质疑与反思过程中，实现对高深学问的同化与共享、生成与创新，促进深度学习的发生；另一方面，教师和学生可借助 MOOC 平台的开放性，分别形成正式或非正式的教与学团队，在校内外开展教研活动与学习活动，获得信息化环境下的教学或学习方法与工具支持，进而提升自身的教育技术应用能力或学习能力，改善教学或学习体验，并将教学或学习欲望转化为主动传递或建构知识的行为，使 MOOC 的教与学经验扩展到更广泛的学习社区。

（3）推动教学管理机制的转变。大学是一个共享思考过程的地方，教学是与外部社会进行永恒对话的过程，MOOC 支持下的教与学模式以及学习型组织源于信息时代学习者新的学习需求。一些大学教师属于采纳 MOOC 的早期大众，具有信息化教学的创新意识与服务意识，能够识别 MOOC 价值，适应 MOOC 教学环境，应用 MOOC 为学生服务，而相当一部分教师却仍未感知到这种需求和变化。为此，高校需要通过教学服务体系及管理机制的信息化变革，实现对教学系统的"循数治理"，提升广大教学主体对外部环境变化的感知与识别能力，并积极采取应对措施，以提升对优质资源的应用能力，促进 MOOC 的常态化发展。首先，高校要成立独立的、在功能上与原有教学机构有所区别的部门（如 MOOC 研究院），专门负责有关 MOOC 的信息化教学事务，推动并协调学校之间、院系之间、教学主体之间的协同合作，对外处理好课程资源"引进来"和"走出去"的关系，对内促进课程的提案、设计、开发、应用及评估等环节的实施。其次，部分信息化教学管理人员同样需要研究信息时代的学习科学与教学学术，并考虑课程与教学法的适配问题，明确哪些课程适合在线教学、哪些课程适合传统教学、哪些课程适合混合教学，优化课程教学体系。再次，改革大学公共教学服务机构（如图书馆、网络中心或教学技术中心等）的功能，实现各部门功能的有机整合，创设教学改革的服务环境。最后，在教学管理过程中，引入大数据的管理方法和方法论，充分运用 MOOC 数据挖掘、学习分析的技术优势和潜力，支撑教学学术的研究及日常的教学管理与评价，借助数据的支持与推演，通盘考察高校教学系统各要素的差异及变化，预测其动态发展过程与规律，得出有价值的推论，使数据背后的隐性问题显性化，从而采取应对的教学决策，实施有效的教学干预。

（4）构建开放的学习文化。大学学习文化是由大学教学组织成员集体创造的，包括学校的教学理念、教学制度、教学模式、教学组织形式、师生的教与学思维、风格与行为习惯等内容以及对这些内容具有潜移默化影响的基本思想模式及核心价值观。它对整个高校教学系统的外部适应与内部整合的觉察、思考、感知与行为方式具有引领作用。近 10 年来，中国网络课程的规模可谓十分可观，但在高校中的影响力却异常有限，既未引起大多数师生的应用热情，也未引起管理人员的足够重视。这在一定程度上影响到大学师生教与学的诸多特性,如教与学的基本范式、学习习惯、认知风格及对学习价值、规范与态度的认识,甚至学习环境的构建意识,间接延缓了我国高等教育教学改革的进程。无论是教学范式、学习习惯、还是学习风格、学习态度都属于有关学习的意识形态,即学习文化范畴。MOOC 的创新扩散过程实际上是一种课程资源的校际共享与应用的过程,甚至是教学模式的国际化协同创新过程。这意味着学校之间界限的弱化、优质课程资源的开放共享已成为时代发展的必然,学习文化由封闭走向开放势在必行。为此,对我国高校而言,首要是抓住 MOOC 提供的机遇,运用信息技术和学习科学,从课程层面打造全新的大学学习文化,建立开放教学战略、协同创新机制与信息公开体制,逐步形成共享教学理念与教学资源的文化传统,对外起到学术交流、思想引领与提高声誉的作用,对内起到知识共享与互动合作的理念导向作用,从而建立具有开放教育理念的教师团队与管理队伍,培养学生终身学习的意识,彻底改变传统的以知识灌输为主的教学思维模式,实现课程教学资源的优化配置,培养信息时代的名师与优秀学生,让国际社会领略中国大学的风采和中华民族的高端文化。

10.3.2.2 促进优质 MOOC 资源的扩散共享

如前所述,高校 MOOC 的建设与应用以及本土化扩散,其目的除了满足人才培养、教学改革及教师发展的内在需求之外,还肩负着社会服务、文化传播的历史责任,即对外开放共享本校特色的课程资源,使高深学问惠及普罗大众,促进教育公平,提升社会公民的整体素质,同时增强自身的学术声誉与社会影响力。高等教育学位市场中"未消费群体"与"过度消费者"的出现,为基于 MOOC 的破坏性创新提供了机会。探寻这一类学习群体的教育需求,挖掘潜在的目标用户,通过有效的服务模式让人们认可与采纳,并逐步在同行之间传播与推广,这是促进 MOOC 在我国高等教育领域非中心化扩散的有效路径。从某种意义上看,MOOC 的潜在用户是渴望获得高等教育的人群,他们拥有传统大学无法满足的学业需求和职业需求。为此,高校 MOOC 资源的扩散共享主要体现在学业 MOOC 和职业 MOOC 两个方面。

（1）构建联盟发展的扩散模式。我国高校办学水平在地域上差异较大，教学资源分布不均，人均高等教育资源极其缺乏。MOOC 的高等教育价值集中体现在资源共享与教育公平两方面，所以可被看作是解决上述问题的一种创新。但无论是学业 MOOC，还是职业 MOOC，其与我国高等教育的融合与发展都需要一个模式构建与创新扩散的过程。为此，建立具有中国特色的课程联盟模式正是 MOOC 资源共享及教学法应用推广的必然选择。基于 MOOC 的课程联盟应是多层次、多类型、多主体和多产出的教育系统，既分为区域联盟（如中国东西部高校联盟）、同类高校联盟（如 C9 联盟、UOOC 联盟）、学科及专业联盟（如计算机专业与软件工程专业的跨校联盟、中国医学教育慕课联盟）以及企业与高校联盟（如阿里巴巴与北京大学的联盟）等不同类型和层次，又能够提供多种学习结果（如学位、微学位、学分及证书等），还有赖于高校、企业、政府、教师、学生、行业专家和社会大众等多元利益主体的深入参与和跨界合作。另外，构建 MOOC 联盟的目的不仅在于汇聚并整合能够体现学科优势、专业愿景与行业特色的课程资源，实现优质 MOOC 的共建共享，更在于生成 MOOC 资源共享、联盟运营与应用推广机制，如跨校选课与学分转换机制、课程教学规范与模式、MOOC 的市场运营模式、课程质量保障机制、加盟机构条件与资质认证机制、教师授课资质认证机制、机构的协作关系及利益共享机制等。这样一来，可以在达成共识的基础上促进 MOOC 的标准化发展，并使会员大学基于共同或相似的办学目标，有针对性地为学习者推送课程资源，进一步增强 MOOC 的聚合效应和扩散效应。

（2）创设基于 MOOC 的学位教育，促进高等教育公平。在我国，由于高考、经济、家庭与工作压力等种种原因，很多人失去了就读理想大学或专业的机会，未能接受优质的高等教育，无法达到其能力所允许的教育高度。为此，有必要借鉴国外大学与 MOOC 平台的教育思想与实践经验（如 Udacity 与乔治亚理工学院的 OMSCS 项目），创设基于 MOOC 的学位教育，推进高等教育公平，增加教育红利和人才红利。创建在线专科或应用型本科教育，一方面为高考失利的学子提供入学机会，另一方面使部分本科生可以跨校选课，获得混合学位。另外，创办在线专业硕士学位，满足具有本科学历又暂时无法回归校园的学习者提升学历，进一步深造的教育需求。这需要在招生环节，扩大生源范围，设置严密的入学标准，保证生源质量；在培养环节，借助国内顶尖大学的教学资源以及MOOC在线教育的优势，把传统课堂的知识讲授，转移为以探究学习、项目学习和协作学习为特征的在线课程；在教学管理环节，降低学位教育成本，实施弹性化的选课机制与收费机制。事实上，清华大学已于2015年通过"学堂在线"启动了我国第一个基于MOOC的专硕学位项目——"数据科学与工程"。2016年，首批学生已开始学习。

（3）发展职业MOOC，培植新的学习群体。根据果壳网2013年和2014年的调查，中国MOOC的学习者主要由在校大学生构成，在职者比例不高。由此可见，目前我国MOOC的影响力主要集中在学业MOOC市场，对职业MOOC市场影响甚小。如今，我国正处于社会主义建设转型的关键时期，产业结构的转型升级推动了社会经济结构和劳动力就业结构的大幅度调整，对应用型人才的规模和层次提出了双重需求，迫切需要打开高技能人才的升学通道，突破地方应用型本科院校的发展困境。为了加速高等职业教育的发展，创建合理的高等教育结构，改善办学条件，提升教育质量，培养大规模的应用型人才，2015年教育部启动了部分地方本科高校向应用型技术大学的转型试点。其中，课程改革是转型的难点也是关键环节，同时为中国职业MOOC的发展创造了一定的契机。为此，要鼓励名牌大学、应用型技术大学与知名企业之间的合作，根据办学条件、学科特点及地域优势，联合设计与开发特色的职业MOOC，立足所属区域，同时辐射全国，一方面用于培养在校学生的专业技术能力，缓解其就业压力，同时为企业提供学生学业表现的第一手信息，增加其就业机会；另一方面，吸引企业在职人士参与学习，满足其在任何时间、任何地点都能够接受短时期的高等教育的需求，提升职业能力，从而在职场中获得竞争优势。另外，开发课程难度或专业层次较低的MOOC，并应用于"农远工程"，加强对农民工的职业教育。如果不是时间、信息、空间、资金、项目和制度等因素的限制，农民工早就是中国非传统高等教育生源的主力军，他们形成了中国巨大的潜在的非传统教育市场。中国职业MOOC的发展，在一定程度上将会为其提供教育的新机遇，使其成为中国开放教育最大规模的潜在学习者与受益者。

10.3.3 管理与服务：新的价值网络与制度支撑相结合

MOOC 与"铁三角"之"成本"向量具有一定联系。原因在于 MOOC 基于互联网成功开启了"免费共享＆增值服务"的商业运营模式，促进了高等教育服务及相关成本的分离。这里的服务分离主要指的是学习环节与认证过程的分离。也就是说，通过"课程设计、开发、传递、支持、评估及成果认证等环节的潜在分离"，将高等教育成本"化整为零"，逐步实现学习经历的个性化和教育提供机构的日益分化。由此可见，MOOC 的开放性、可扩展性和联通性正在以"破坏性创新"的方式对传统高校封闭的教育体系与管理机制提出挑战，试图重构高等教育管理模式与服务体系。对于我国高等教育而言，信息化教学改革长期面临的一个根本问题就是一贯追求信息时代的教学改革目标，却没有与之相匹配的高等教育制度，即仍在原有的传统教学体制下研究新问题。而这势必会导致多样化、深层次的教育需求与现行教育制度之间矛盾的激化以及教育成本的持续增加。因此，为了削减 MOOC 教育实践产生的不必要成本，从中获得最大效益，促进其本土化的创新扩散，必须要改革现有的价值网络与教育制度，构建开放的高等教育管理模式与服务体系，并促进其与高校实体教育制度之间的良性循环及相互融通。

10.3.3.1 创建服务平台，重构价值网络

基于创新扩散理论，在中心化系统扩散模式中，扩散系统往往需要明确扩散的创新内容、扩散渠道以及决策扩散的目标对象等基本问题，即有关价值网络的问题，从而发挥"自上而下"的导向作用。另外，在现实中通常可以设置"中心化的协调机构或协调员"，而决策过程则利用非中心化的扩散形式，让使用者对待扩散的创新有所选择，再做出决定。根据美国学者亚德里安·斯莱沃斯基的定义，"价值网络是一种新的业务模式，它将顾客日益提高的苛刻要求和灵活以及有效率、低成本的制造相连接，采用数字信息快速配送产品，避开了代理高昂的分销层，将合作的提供商连接在一起，以便交付定制的解决方案，将运价提升到战略水平，以适应不断发生的变化，企业若想获得持续利

润，就需要树立以客户为中心的思维，改变传统价值链的方向"。为此，价值网络可被看作企业确立其成本结构及运营过程的环境，规定了企业的商业模式、技术范式、经济发展的动力与流向以及创新的目标和节奏。在此环境中，企业与供应商和渠道商通过彼此合作，以满足消费者的普遍需求。MOOC是高等教育领域的破坏性技术，其核心破坏力表现为将在线教学与网络商业模式结合起来，创建了新的课程市场，打破了传统高等教育的知识产业链，满足了学习者新的学习需求。事实上，MOOC已经推动了以"学"为中心的教育技术的创新：更加依赖学习科学，注重学习规律的研究与应用；更加强调开放学习，打破人口、观念、经济和时空的限制；更加注重对学习成果的认证，将学习产出与教育投入进行分离；更加强调学生学习的自治权，重新定义师生角色，推动权利由教师和管理机构流向学生。由此可见，MOOC已初步形成了自身的独特竞争优势。在现有学位课程模式的基础上创建以"学"为中心的价值网络，改变传统高等教育产业价值链的方向是推动MOOC逐步走向成熟、提升核心竞争力的关键。政府是教育方针政策的主要来源，但不具有制度的操作性和例行性；高校是优质课程资源的主要来源，但不具有教育产业的市场性和商业性；企业是市场或技术的主要来源，但不具有高等教育的公益性和学术性；学生是学习主体的主要来源，但不具有学习资源的集结性和管理性。为此，需要以构建学习型社会为目标，并以提供信息化学习体验为导向，建立互联网教学的公共管理与服务体系或平台，行政府、高校、企业和学生不能行之事，以此平台为枢纽，集结各种优质资源，打造"课程超市"和"学分银行"，向高校、企业、学习者推送相应的教育服务或信息服务，协助政府推动网络时代高等教育服务产业的发展，弥补大多数高校因经费不足、师资缺乏及学科局限而无法建设MOOC的问题，为学习者提供廉价优质的学习资源。

10.3.3.2 建立开放高等教育的制度支撑环境

开放的高等教育环境需要硬环境和软环境两种系统进行支撑。其中，硬环境主要指的是开放高等教育的物理环境，如基于网络和大数据的技术环境，这种环境的建设主要依赖技术的发展和资金的投入，只要条件成熟，便能顺利实现；软环境主要指的是开放高等教育的制度环境，涉及信息时代高等教育体制机制的变革，综合程度和复杂程度颇高，需要反复的理论推演与实践探索。为此，提供制度保障是构建开放高等教育管理模式与服务体系的重要环节，亦是促进高等教育教学改革的难点，也是推动MOOC建设、应用与推广的瓶颈制约。陈丽（2016）认为开放教育服务体系具有四个基本特征：多种教育形式与学习方式的有机融合；消费者驱动的个性化服务；汇聚具有教育价值的所有知识，供学习者选择；互联网行业对教育实践的深度参与。基于此，以创新扩散理论的扩散原则为基础，从汇聚性、融合性、多样性和协同性四个方面构建开放高等教育的制度环境，不失为推进我国高校MOOC本土化发展与创新扩散的有效路径。

（1）建立开放健全的质量保障体系，汇聚优质的课程资源。根据创新扩散理论，由于技术创新对组织与个体的新颖程度有一定影响，它会在扩散过程中产生一定的不确定性，即创新本身的相对优势会影响其未来的扩散效果。为此，无论采用哪种系统扩散模式，组织或个体都需要努力对技术创新展开评估，收集创新评估的信息，以减少创新结果的不确定性，提升其兼容程度。MOOC集中并共享了诸多学科的教育资源，这些资源的质量与价值为其后续的应用、改造、创新与推广提供了基础，建立MOOC的质量保障制度、汇聚优质的课程资源是其他相关制度的基础与核心，对其在高等教育领域的扩散与共享起着决定性的作用。教育评估和质量标准具有明确的价值判断和导向作用，开放教育要以开放式的质量保障为发展基础，以传统教育标准对MOOC评估与认证未免贻笑大方，为此建立开放健全的高等教育质量保障体系，对提升MOOC的课程质量和品牌效应，推动我国MOOC项目接近国际先进水平，促进高等教育生态的开放化发展至关重要。长期以来，我国高等教育质量保障体系的建设一直以外部质量保障为主。作为办学主体，大学对教学质量缺乏内生的、自主的特质追求，更多时候被动地响应政府对评估的要求与意志，未能完全履行质量保障主体的职责。我国MOOC内容的开发主体是大学，应用与创新主体也是大学，质量保障主体更应是大学。在今后的教学改革中，高校应具有主动性，在政府宏观调控的引领下，形成并发挥质量保障的主体作用，结合学校的人才培养目标和需求，通过在线学习、在线学习与课堂教学相结合等多种方式应用MOOC资源，不断调整与创新校内外课程共享与应用模式，切实打造适合自己的高水平课堂，保障并提升教学质量。首先，应建立严密的课程质量评估体系和审核标准，规范MOOC创新与发展方式，使课程资源和学习管理系统的引进、改造、设计与开发有据可依，协调资源引进的畏惧心理和共享需求之间的矛盾，开发优质精细的中国式MOOC资源。其次，建立教学质量的监控体系、技术支撑体系及学习支持服务体系，使MOOC资源的应用与管理有据可依，促进教学评价的常态化与课程质量的不断优化。最后，MOOC能促进师生角色的转变，但并非所有人都具备转变条件，所以需要建立师生的选拔机制，考虑如何筛选出MOOC环境下稳定的教学者与学习者。

（2）创建信息化教学支持服务体系，促进MOOC与高校教学的有机融合。根据创新扩散理论，在中心化扩散模式中，创新源于相关领域技术专家的正式研发成果；在非中心化扩散模式中，创新源于使用者的实践经验，即根据实地需求，对正式创新成果的再创新。为此，如何借助中心化的扩散成果与专家实践经验，保证并提升使用者实施再创新的主体性、科学性与专业性是促进非中心化扩散的关键。事实上，"当今所有的学习者在一定程度上都是在线学习者"。高校教学活动在一定程度上都是混合教学。目前，基于MOOC的混合教学在我国大学中逐渐展开，进一步推动了诸多教与学形式（在线学习与课堂教学、正式学习与非正式学习以及校内学习与校外学习）的有机融合。相关实践表明这种教学模式"减少了教师的重复性劳动，使之把更多的精力和重心放到对教学的细致分析中，并提供相应的学习支持，但这也对教师的教学能力提出了更高的要求，对学生的认知习惯带来了一定的冲击"。换句话说，这一改革的历程不是一蹴而就的，需要教师教学能力的提升以及学生学习习惯的转变。为此，高校应该建立信息化教学支持服务体系，为教师和学生提供多选择、个性化和即时性的支持与帮助，提升他们参与MOOC教育实践与学习活动的主动性、积极性与创造性，以促进MOOC与高校教学的融合创新以及优质课程资源的扩散共享。我国以往的大学教学内部质量保障重在质量管理，多以自上而下的监控与调节为主，具有比较明显的控制性，忽视了对教师教学与学生学业的支持服务。国外大学教学支持服务于20世纪60年代开始兴起，如今众多高校都有自己的教学支持服务机构，旨在"通过培训、研讨、咨询、评估等服务促进大学教师发展，提高教师教学水平，改善教学质量和帮助学生有效学习"。大学教师早已习惯了利用教育技术进行教学（包括网络授课与传统授课），如通过校内学习论坛频繁检查学生的讨论帖并回复学生的问题。而在我国类似的机构还不多，众多大学教师尚无网络教学经验。为此，很有必要加强研究与试验，在我国高校中成立类似的机构，利用信息技术为师生提供教学与学业的指导与帮助。另外，高校应摆脱传统的教师培训方式，利用MOOC及其课程联盟的优势，集中优秀的人力资源，建立正式或非正式的混合教学或教研团队，将校内外的学科专家、教育专家及教育技术专家凝聚起来，通过教育理论、教育技术与具体学科教学实践相结合，促进师生教与学能力的提升，培养具有影响力的教学名师及优秀学生，如可借鉴Coursera的实践经验，建立基于MOOC的大学教师职业培训平台，提升教师的教育技术能力，培养其信息化教学素养，传播MOOC教育理念。

（3）采用基于"学习产出"的认证机制，为用户提供个性化的增值服务。无论是中心化扩散，还是非中心化扩散都需要以客户需求为导向，从而确定相应的推广模式。不同的市场需求和竞争规则会形成不同的质量标准和商业模式。大学在主流的学位市场中具有极稳固的垄断地位，与之相比，MOOC不具备竞争力。但MOOC可以根据大学传统课程与教学模式的不足，建立新的课程市场，吸纳更多的非传统教育生源，以其需求为导向，重新定义质量标准和课程模式，随着教学设计和平台性能的不断完善，优化课程资源，提升教学效率，形成相对于传统课程的竞争优势。MOOC的教育功能之一是用户驱动的个性化服务，允许学习者、高校和企业根据自身需求选择合适的增值服务，并以多样化教育成果为枢纽，促进各方主体或机构的动态联动，在高等教育课程市场中推动优质资源的共享扩散。为此，只有构建开放教育的认证体系，通过认证使MOOC的教育成果获得高校、企业、学习者及社会大众的认可，才能保证MOOC的长足发展，进而进行应用推广。高等教育质量保障实质上是大学不断地适应新的外部标准从而持续提升内部教学质量的过程，高等教育认证的基

信息化教学推动职业教育现代化的探索研究

本逻辑应是考察大学教学"是否适应了新标准并确实有所提升"。基于这种逻辑，大学的设备、经费及师资等资源投入固然会成为评估对象，但对课程质量直接进行认定，相对而言更重要。由于MOOC出售的产品是课程，不同的课程来自不同学校的教学团队，具有不同的教学效果，适用于不同的学习群体，只有建立新的质量标准，对课程资源直接进行评估，才能确保MOOC的整体质量与品牌效应，所以MOOC采用的是一种基于"学习产出"的认证机制。另外，根据创新扩散理论，中心化系统扩散的主体是国家政府、管理人员及相关技术专家，他们对决策过程实施全面控制，在一定程度上保证了技术创新的社会公信力。为此，政府部门（如教育部）可建立MOOC的公共认证体系或机构，将认证标准确定为"是否能使学生习得与未来生活相关的、实质性的成功经验"，将认证对象指向MOOC机构及其课程资源，将认证内容聚焦于教学环境、学习内容、教师资质、课程难度、专业系数、学习体验、教学效果和考核方式等变量，并对认证结果进行客观公正的描述，逐步形成"课程—微学位—学位"渐进式认证体系，为学习者的课程选择、高校间的学分互换、企业的人才招聘及开放教育的持续发展给予指导性建议，并以此为突破口建立高等教育MOOC市场，促进高校人才培养与社会人才需求的有效衔接。

（4）建立协同创新机制，促进互联网行业的深度参与。根据创新扩散理论，中心化扩散系统和非中心化系统是连续的统一体。无论哪种扩散模式都需要政府、管理人员、技术专家、应用者与推广者等多种组织与个体的深度合作与协同创新。只不过，由于扩散目的、系统结构和扩散方式的不同，参与主体亦不尽相同。对于高等教育而言，完全市场化不利于教育教学的发展，但一定程度的市场化却有利于课程资源的优化分配和教学水平的提升。同样，MOOC的应用推广与创新扩散亦需要引入市场机制，借助互联网行业的外部驱动力，实行商业化运作与市场化推广。欧美MOOC平台之所以能够快速成长与发展，关键在于其秉承了多方合作与协同创新的价值理念，构筑了多元化的在线教育团队，在诸多国家和地区落实了本土化的扩张战略，在虚拟与现实世界实现了"多点开花"。"而我国的MOOC建设尚处在自给自足的阶段，长期以来，在资源管理上高校之间的戒备心较强，一直将优质资源封闭管理，即使存在合作，也只是发生在毗邻区域,致使教学资源流转不畅",在线教育的优势得不到充分发挥,不利于课程联盟的建立,不利于跨校选课、学分转换机制的推进,不利于优质课程资源的开放共享。另外,国内知名企业与高校的合作多发生在科学研究、知识转移和成果转化等方面,对于教学项目参与较少。除网易、奥鹏、果壳网、百度、阿里巴巴、超星等少数商业机构外,大部分企业几乎没有关注过MOOC的研究与实践。这对我国MOOC而言,无疑是一种极大的损失。为此,我国需要学习借鉴国外MOOC的成功经验,恰当处理引进来和走出去的关系,充分利用"互联网+"的优势,联合国内外的权威机构建立各方动态联动、协同创新的MOOC教育共同体。鉴于高校与企业之间的文化矛盾与利益冲突,政府部门有必要通过顶层设计和政策规划进行有效的鼓励与协调,并对MOOC商业化和市场化的程度加以控制,从而充分发挥品牌大学、地方性大学和知名企业各自的优势,推动高校将重心置于人才培养模式和教学模式的改革创新,MOOC机构将重心置于平台运作与市场化的运营,网络机构将重心置于第三方支持服务,知名企业将重心置于学习者实践能力的培养,打破高校内外边界,创建MOOC创新扩散的生态系统。一方面,开发高质量的学业MOOC,探寻MOOC技术在高校教学中的作用以及有效的MOOC教育实践模式,为国家提供应用开放教育资源推进信息化教学改革的政策建议,推动MOOC快速融入我国公立大学的教学系统,促进高校课程模式和教学结构的变革;另一方面,联合开发优质的职业MOOC,形成高深学问在学习者、大学教授和行业专家之间的无障碍流动。另外,吸引国外各种组织加盟中国MOOC的建设,如世界顶尖高校、网络服务商、视频提供商、图书出版商、翻译网站或网络学习社区等,通过合作将具有中国特色的MOOC推向国际社会,实现中国MOOC在其他国家的应用创新,让国外学生学习中国大学的优质课程,感受中国的民族文化。

II

高职院校课堂信息化教学的实施

11.1 高职院校课堂信息化教学的改良

11.1.1 高职院校课堂信息化教学改良原则

具体而言，在高职院校课堂中的信息化教学建设过程应遵循以下原则：

（1）理论性原则：课堂教学进行信息化改革后教学资源的本质并未改变，教育的目的仍然是为社会培养技术型人才。教学的内容要明确学生所要学习的技能是什么，同时教师所教授的知识技能应当满足社会的用工需求。理论性的知识在教学过程中是必不可少的，也是所有学科的基础。

（2）实践性原则：高职院校对人才的培养更多的是培养具有实践能力，能够独立完成某项技术工作的人才，因而在进行理论教学之后，更重要的是对学生进行实践能力的培养。信息化课堂教学的实践性，就是通过课堂上的实操过程，让学生直观地了解到所学知识的应用方法。

（3）交互性原则：高职院校信息化课堂教学的建设更加注重学生与教师之间的交互性，打破传统模式下教师只是教的模式。教师在课堂上只是辅助学生学习，学习的主体是学生，教师的主要作用是鼓励学生积极利用一切可利用的资源，特别是网络资源进行学习，教师只是提供适当的帮助。教师可以面对面进行学习指导，也可以通过网络在线为学生进行答疑解惑。

（4）动态生成性原则：信息化课堂教学的目的是要让学生能够主动学习，而这就需要高职院校在进行信息化课堂教学建设时考虑到课程的动态生成性原则。学生通过教师的引导，主动探寻课程的知识，利用自己已有的知识来完善整体的知识架构，并从中体会到自主学习的乐趣，以激发学生更大的学习热情。

（5）互补性原则：课程学习的内容是多样的，那么课程的呈现方式也应该是多种多样的，利用声、光、电等不同的表现形式使课程变得有趣生动，从而弥补课程本身的枯燥性。在教学过程中，教师要以课堂讲解和自主学习相结合、互相补充的方式进行。在课后，学生也可以通过网络搜索更多的课业资源来对课上的内容进行补充。

（6）学生中心原则：无论是传统的教学模式还是新型的信息化教学模式，学习的主体都是学生，课程的设计要体现以学生为中心的原则。信息化课堂教学的建设也应有学生参与其中，这样的设计更能贴合学生的自身特点，对提高教学质量和教学效率有着重要的指导意义。

（7）立体化原则：高职院校课堂信息化教学的建设，其主要目的是满足不同层次的学生的学习需求，不仅包含不同水平的学生，更要针对学生不同阶段的学习需求进行设计。教师的教学方式要遵循立体化的原则，使课堂教学的形式日渐丰满起来，在注重教学细节的同时，完成相应的教学目标。

11.1.2 高职院校课堂信息化教学改良的重点

通过对高职院校课堂中的信息化教学建设与应用现状的调查结果分析，本书尝试提出了高职院校课堂中的信息化教学质量建议与建设策略。通过前文中的调查，笔者发现，目前高职院校课堂中的信息化教学建设不足，主要表现为方法与内容组织不合理、视频媒体优势没有得到充分发挥以及评价过程中主体缺位。笔者通过对目前高职院校课堂信息化教学建设现状的分析，发现其存在的不足之处，并大胆提出了相应的解决措施和建设意见。针对高职院校现阶段信息化课堂教学"质量不高"的局面，现在亟待解决的是提高"质"的问题。在课堂信息化教学的建设中万万不可忽视了"质"的建设，从根本上建立起正确的信息化教学秩序，才能更好地完善信息化教学的内容等各方面的建立。对于高职院校课堂信息化教学的建设不能只是流于形式，虽然改革建设是在传统教材内容上进行，但是信息化教学绝不是简单的从纸质书籍向电子书籍搬移这么简单，高职院校课堂信息化教学建设在教育教学体系的安排上要符合信息化教学的大环境。本书重点研究的是高职院校课堂信息化教学中教师对课程的安排与教学方法是否能形成一个有机的整体，特别是在教学内容的组织和外部资源的建设方面。信息化教学要在三个维度、不同的层面进行，这样才能达到改良设计、提高资源质量的目的。

11.2　高职院校课堂信息化教学发展策略

对于信息化课堂教学的建设前人早有研究，基于前人所做的努力，为了能更好地改良和辅助高职院校改变传统的课堂教学，从教学方法和教学内容上，要建立起针对高职院校信息化课堂教学建设的模型，以便更好地完善高职院校的信息化课堂教学建设。

11.2.1　教学方法与过程建设

我国自古就崇尚"因材施教"的教育方式，信息化课堂的建设使此种教育方式变为可能。高职院校课堂中信息化教学方法的运用使师生之间、生生之间的沟通学习变得更加便利，交互性更强。教学方式不再是传统的"填鸭式"，学生的学习和交流破除了时间和空间的限制，虽然学生的学习状态和学习能力存在差异，但是通过信息化课堂教学，足以满足不同层次的学生的学习需求。随着立体化网络教学方式的逐步推广，教师的教学任务也逐渐加剧，教师在教学过程中要先于学生对网络进行熟练使用，并将传统的课堂通过改编使其适合网络教学模式，以保证教学过程的顺利进行。保证良好的教学氛围在新环境下的教学中尤为重要，唯有创造轻松、有趣的教学环境，才能使信息化教学资源得以有效利用。

11.2.2 教学内容组织

高职院校信息化教学模式在逐步推行，在推行的过程中不断会涌现出一系列的问题，目前在信息化课堂中主要存在的问题有以下几点：第一，教学的主体是学生，但教师在课程内容设计上往往会忽视这一主体，使学生丧失了自主学习的机会；第二，部分课程内容设计上没有考虑高职院校学生的自身特点，学生不能适应；第三，课堂设计应当注重理论与实践相结合，在了解理论知识的同时多进行实践，目前来说课程中实践的部分过少；第四，虽然采用了信息化教学模式，但是对于课程内容的更新仍需加强，教师教授的内容过于陈旧，不能展现行业的前沿信息；第五，课程中虽然加入了互动交流的部分，但是没有真正起到设计的作用；第六，对课业的评价仍旧只注重结果，课程学习过程的评价还有待增加；第七，对于学习方式的设计，虽然有了大体的结构，但是没能体现出信息化教学的精髓，对于新型教学方法的运用还有待加强；第八，课堂中网络信息的优势被埋没，课程设计中虽有涉及但只停留在皮毛部分，对于网络的运用还需进一步提高。对于上述网络教学模式目前所存在的问题，笔者从不同方面对其进行了分析并提出了相应的解决措施，以期能加快实现高职院校信息化教学内容的立体化建设。具体的解决方案如下：

（1）教学目标。在信息化教学的建设过程中，课堂教学目标的确立是十分关键的。课程的设计首先要有明确的教学目标，而且关于教学目标不能只是停留在理论阐述的层面，要将其与教学实践相结合，根据现代教育理论中对知识、技能、情感态度价值观的要求，制定切实可行的教学目标，并通过教学目标的确立激发学生的学习动机。由此一来，教师的课堂教学也更容易开展，有的放矢。

（2）思维点拨。在课堂教学中，不管是以前传统的教学方式，还是现如今信息化的课堂教学方式，教师对学生的引导都是必不可少的。思维点拨可看作教师在教学过程中对学生学习上的问题引导，是教师在学生对提问的问题无法回答时所进行的引导过程。信息化课堂教学与传统教学的不同之处在于，教师要做的只是对学生进行思维点拨而不是代替学生思考，将思考回答问题的权利还给学生。在学生回答不出问题的情况下，教师要做的是通过各种方式方法点拨、引导学生借助网络、书籍或是小组讨论的方式得到个人的见解，从而得到问题的答案。

（3）知识构架。在课堂学习中，一节课的内容往往有很多，而在以往的教学方式中，课上教学只是简单的堆积，学生理解记忆起来都有困难，也不便于复习。信息化课堂教学内容中很重要的一点是建立起知识构架，在便于学生理解记忆的同时，有助于学生在课外进行自主学习，从而能够提高学生的学习效率，以达到理想的学习效果。

（4）资源开发。信息化课堂教学建设的目的是要培养学生自主学习的能力，而要做到自主学习，学生在学习过程中就要主动发掘与课程内容相关的知识，举一反三，用已学知识拓展到更广的知识面。教师在教学过程中进行"资源开发"的设计，就是帮助学生对所学知识进行拓展，利用网络搜索更多的学习资源，可以是素材库也可以是网络课程。

（5）三维评价。信息化课堂教学建设要求对学生和教师的评价要包含过程性评价和结果性评价两方面，这两方面又是分别来自学生、教师和其他团队成员的综合评价，概括来讲就是"三维评价"。三维评价注重学生的综合评价，而不是只看重学生的分数成绩，对学生学习过程的评价也是很重要的一部分。对于学生的学习过程进行考评可以有针对性地对其今后的学习提出建设性的意见，对指导学生的未来发展有着较强的现实意义。

11.2.3 媒体资源建设

信息化课堂教学在信息化的基础上构建起了教学资源库，以方便教师在教学过程中搜集课程资料。教师在课程教学过程中用以教学内容展现的手段是多种多样的。目前，教师教学选择的最常见的教学形式是以 PPT 课件的方式进行授课，另外还有影视资料、图片资料、实物模型等资源可供选择。不管是影视资料，还是 PPT 课件、图片资料等，这些都可以在线与学生进行交流分享，通过网络进行连接，不仅方便教师对资料进行管理，也为学生在课下的学习提供了便利。信息化课堂教学主要以媒体教学资源为主，而媒体教学资源又有着多种形式：

（1）电子教材。在新型授课模式下，以电子设备为载体的教材越来越为学生所接受。时下,智能手机、电子设备等的更新换代越来越快,设备的功能也越来越强大,因而电子教材正逐渐替代了传统的纸质教材。高职院校信息化课堂教学需要建立合理的电子教材库,以供学生自主学习时下载之用。

(2)电子教案。相对于电子教材,电子教案也是一项必不可少的存在。教案是教师进行课业传授的依据,随着课堂信息化进程的推进,传统的纸质教案也在逐步进化为电子教案。电子教案在教师教学过程中的便利性自不必说,其形象生动的展现方式也是深受学生的喜爱。电子教案的使用使教师的教学变得简洁明了,但是电子教案也并不是完美无瑕的,对于电子教案的使用还需进一步的完善,以便满足学生的需求,符合教学大纲的要求。教师制作课件是为了能更形象生动地展示课堂上要呈现的课业内容。课件的制作有专门的软件,教师需要有一定的计算机基础才能很好地运用课件来完成教学内容。

(3)电子课件。在设计教学课件时,可以使用仿真技术、动画、视频等,这样不仅能使教师在教学过程中有更多时间去指导学生个性化需求,还能让学生能够对知识点更加深入地学习,从而达到更加高效率的教学,并且能够针对学生间不同的问题进行指导。值得注意的是,在视频播放过程中,教师不能不言不语,还是要在适当的时间针对视频中所提到的知识点加以讲解并提出问题,再给予学生充足的时间对问题进行相互间的讨论,让其能够在与其他学生的交流中独立完成课堂任务。相信在不久的将来,教师所担任的不会再是知识的搬运者,而是学生思维的开发者,让学生在学习生活中变得更加有自主性、独立性与创新性。这也是适合时代发展的一种新型的教学模式。

11.3 高职院校课堂信息化教学的实施措施

11.3.1 针对高等职业教育特点,筛选信息化教学资源

高等职业院校与其他高等院校在教育方面的不同表现在以下几点:
第一,高等职业院校的目标是培养技术型人才,学生在毕业步入社会后都

具有相应专业的实践能力。在具备所学专业的理论知识之外，更重要的是要能够在岗位上解决实际的生产、服务或者管理一线的问题。高等职业院校在人才培养方面更注重的是学生是否具备解决实际问题的能力，而不只是简单地对专业有所了解。高等职业院校走出的人才都是具有实操经验的、工作组织能力较强的人才。

第二，高等职业教育培养手段多种多样。高等职业教育培育出的人才都是实战型人才，因而在教学过程中，除了理论知识的传授，教师更多会带领学生进行大量的实习、实践活动等。在高职院校短短三年的学习时间里，教师需要通过不同的教学方式，让学生全方位地了解自己所学的专业。而了解的最好办法就是去到工作的一线岗位，亲身体验一下。当然，不同的课程，教师不同，教学的方式也不尽相同。目前，在课堂信息化教学建设逐步推进的情形下，教学手段更多采用了现代化的计算机技术、多媒体技术等。

本书选取了时下流行的"微课"作为新型的信息化教学资源。微课是信息技术化时代，利用互联网传播零散知识信息的一种新模式，在现在的高职院校中，不论是什么专业，学生需要掌握的知识点都是非常零散而繁重的，通过微课这样一种方式，对不同的知识点进行梳理与拼凑，学生可以在不同的时间、地点进行解惑，学习也不再是固定、按时、限时、僵化的模式，而是无处不在学习，无时不在学习，这对传统教学模式就是一种挑战。采取微课这一新型信息化资源，能够通过变化学习方式，以蜘蛛网的形式来构建知识框架，让学生能够自主学习，通过培养自己的兴趣爱好来构建自己的学习模式，对自己所需的知识要点进行梳理编织来打破传统的教育方式的知识的不可分割性。

高职院校对高职课堂教学信息化的建设，除了提供专业的"必需、够用"的每种类型的学习资源，更重要的是提供虚拟实验场景视频、现场操作视频以及动态的最前沿的相关专业技术等。总之，高职院校必须紧密结合高职教育的特点，发挥其在高等职业教育中的作用，促进高职院校学生就业。

11.3.2 实训视频实时交互，增强课堂教学互动性

高职院校三维网络教学资源建设的目的是有效地辅助教师教学，促进学生

的学习。基于主题教学视频的实践,有利于教学的实施和学生的自主学习。而将传统的实训视频变为可以进行实时交互的实训视频更是提高了课堂教学的互动性,也为校企合作、社会资源共享提供了前提和基础,不失为一种有效手段。

11.3.2.1 实训视频使信息化课堂教学更具专业性

高职院校的课程是根据专业而分门别类地进行设置的,因而相关专业的教师对本专业的教学内容和课程特点十分清楚。在进行课堂信息化教学建设时,专业课教师对专业知识的重点和难点能够更好地通过网络的运用以直观的方式展示给学生,在为学生答疑解惑时也能更有针对性和适用性。另外,教师在备课阶段选择辅助学生学习的资料时,也能准确地挑选一些实用性的视频资源或图片资源等。

11.3.2.2 实训视频资料对立体化网络教学的意义

视频教学是一种非常直观的学科知识教授形式,特别是对高职院校的学生来说,多数的专业技能需要不断练习才能掌握。建设实训视频是学生学习本专业相关技能的一种简单有效的方式,对于一些语言表达不清楚的实际经验,实训视频的存在无疑是解决了这一难题。实训视频,对提高网络教学环境下学生的学习效率功不可没。将信息技术与传统课堂相结合,能让学生对书本知识有更深入的了解,加上学生对新鲜事物往往更感兴趣,从而促进了学生对新知识和技能的吸收与运用。高职院校是培养学生的摇篮,能否培养出满足社会需求的应用型人才是每一所高职院校所面临的问题。高职院校公共课和专业课在教学任务上有所区别:公共基础课的任务是开阔学生的视野,为学生接受继续教育,未来走上工作岗位,适应科技发展提供必要条件;专业课程的任务是使学生了解最新的科技成果,注重学生在专业领域的创新和发展,促进科学技术的发展,适应特殊人才的需求。

11.3.3 网络教学资源有偿共享商业化运营

为了适应未来的教育可持续发展和教学社会化的需要,适当地进行教学资源共享符合当代教育发展的趋势，也能够促进全民教学信息化的发展。共享并不意味着完全免费，可以基于实训视频设计，将授课的实时视频进行录屏，并针对不同专业建立微信、QQ 讨论群，通过有偿入群的方式进行教学资源的共享。这一商业化运营模式虽然还处于试行阶段，但相信在形成规模后不仅可以突破传统的政府补贴措施，充分吸纳资金，减轻各界对教育教学发展的压力，还可以实现高职院校课堂教学资源与社会其他教学相关资源的置换，促进职业教育现代化。

在进一步的设计中，信息资源共享的有偿模式将根据市场需要，共建共享多类型的课程，与学校、企业和单位进行教学课程资源的有偿共享。这也提高了教师这一主体在高职院校课堂教学上的积极性和主动性，提高了课堂参与者对课程价值的重视程度，有助于三维立体的后续网络教学资源的建设和维护，有利于高职院校三维立体网络教学资源的可持续发展。

11.3.4　多方合作培养创新型人才

当今教育信息化的主要任务是利用社会资源促进信息化教育建设的发展，提升我国的信息化教学水平。我国的教育资源建设经历了从零起步到现在全面的资源共享，充分调动企业资源，加强多方合作，培养创新型人才，是本书校企合作背景下资源共建共享模式的一大亮点，这一模式既符合我国经济社会的发展需求，也能够很好地切合学校、社会的实际需求。

研究信息化教学方法就是为了培养国家所需要的创新型人才，实现高职教育真正的现代化，一切信息化教学方法的研究、设计和应用都应围绕这一目标而进行。信息化的教学方法不应仅停留在多媒体设备的应用上，还应体现在教学技术的与时俱进和教育思想、教学理念的现代化上，唯有不断地优化思想、实事求是，调动社会多方力量，才能够满足社会对新型人才的需求，提高高职教育的信息化水平。

11.3.5　量身打造"微课"，充分利用信息资源

微课以建构主义为指导思想，以明确、精简的主题为内容，微课的出现符

合移动互联网时代的典型特征,它为高职学生在线学习提供了平台。微课的短小精干符合网络学习者碎片式的学习习惯,这种网络教学模式和手机终端、电脑终端等电子设备终端进行有机的结合,能使学生获取更多的信息资源。

为了让学生把微课更好地应用在"互联网+教育"范式下的移动学习中,笔者通过剖析高职院校微课教学应用中存在的问题及学生手机课堂管理面临的困境,同时结合自身在黄冈职业技术学院的教学实践和实证研究,通过校内微课的推广应用以及学生反馈的问卷调查,证实了微课必须借助多种教学创新平台,才能在"互联网+教育"的范式下实现"微课+终端"的广泛应用。

通过对问题和实际情况的分析,我们可以设计采取微课与微信公众平台相结合的模式来实现微课在高职院校的推广。具体方法如下:教师录制好微课的视频后,经过技术人员和微信公众平台管理人员的编辑,对学生进行推送。这样,学生不仅可以随时在手机终端上查阅微课的历史记录,还能够利用微信公众平台的回复功能与后台老师进行问题的反应和沟通,这一设计解决了微课教学中存在的问题和学生手机课堂管理面临的困境,使技术教育进课堂、生活实践进课堂、创新教育进课堂的微课教学往前迈进了一大步。

同时,在微课发展及平台建设中提出四点建议:以用促建,微课资源的教学应用实践是根本;微课的后续发展应呈现课程化、专题化、系列化;平台需要更强健,技术支持待完善;教师呼吁大赛评价机制更加多元化。这样,就能让职业院校的学生结合职业教育特点和自身发展特点,真正做到"学中玩,玩中学"。

12 总结与展望

12.1 研究总结

第一，信息化教学的创新扩散是在制度、经济、信息及资源等环境因素的影响下，根据人才培养目标和学习者的学习需求，围绕高校教育教学系统，汇集大量教师、学习者和教学管理人员等各种教学与学习主体，依托信息化教学平台及其他相关在线教育机构，对信息化教学及其代表的在线教育形态进行认知、学习、交流和模仿，在审慎对待信息化教学的同时，通过合理的教学模式、管理模式、运作模式和组织模式，对其进行大规模的建设、应用、推广及实施再创造，并在高等教育实践中促进其持续发展的过程。教学愿景主要体现在两个层面：一是信息化教学及其代表的在线课程资源和基于信息化教学的教育技术在高校日常教与学过程中的普遍应用，直至以"互联网+"为特征的信息化教育教学模式、管理服务模式和组织模式在大学校园达到制度化的程度；二是大学借助信息化教学以新的形式更好地践行大学自身的历史使命与社会责任，直至优质教育资源在高校与高校之间、高校与社会之间得到共享扩散，进一步促进高等教育民主化，促进教育公平与教育均衡发展。

第二，职业教育信息化创新扩散是以职业教育和商业组织（以信息化教学公司为代表）为扩散主体，以信息化教学及其潜藏的教学理论和教育技术为扩散客体，以经济环境、制度环境、信息环境和社会环境为扩散条件的复杂系统，其本质特征表现为扩散对象的融合性、扩散目的的共生性和扩散机制的跨域协同性。我国信息化教学实践既体现了创新扩散的本质内涵，契合创新扩散理论的思想内涵,又是一种"融合—扩散"的形态,即信息化教学与职业教育系统"融合基础上的扩散"。同时,信息化教学的创新扩散问题亦是信息化教学建设和应用的动力学问题,"为什么要创新扩散"和"如何创新扩散"均是需要探索且不可回避的基本问题。为此,可以将"融合创新"和"共享扩散"作为信息化教学创新扩散的两个基本维度构建分析框架,研究与探讨扩散动因(包括创新扩散的内在逻辑、扩散价值与扩散动力)、扩散现状及扩散路径等相关问题。

第三,职业教育信息化教学创新扩散的动因包括扩散价值(客体层面)与扩散动力(主体层面)两个方面的内容。从创新扩散的内涵来看,相对优势和相容性是创新事物的主要特征,比其他变量更容易影响技术的扩散速度和程度。对于信息化教学而言,其相对优势及其与职业教育系统发展需求的相容性至关重要。它比传统高等教育系统具有破坏性创新的潜力,主要体现在兴起背景、目标用户、教学创新和运营模式四个方面。具体而言,职业教育大众化时期教育需求增加,教育性能过剩,教学质量下滑,是信息化教学兴起的一个重要背景;信息化教学吸引了在校大学生和校外在职人士的广泛参与,开辟了学业信息化教学市场和职业信息化教学市场;作为简单易用的课程资源,信息化教学从开放性和可扩展性两个方面实现了教学创新;借助网络商业模式,信息化教学引入了专业化的课程团队、成果导向的认证机制和"免费共享&增值服务"的营利模式。它不能彻底颠覆传统大学,但很可能改变高等教育的格局。信息化教学创建了进入高等教育市场的课程市场,对大学传统课程模式形成破坏性创新的同时,为高等教育生态系统的维持性创新创造了机遇。从扩散价值视角来看,信息化教学之于高校教学模式、管理模式、服务模式与组织模式具有一定的影响意义。在教育教学层面,信息化教学推动了大学课程教学模式和教学结构的数字化改造,促进了教学内容导向的转变,推进了教学评价方式的革新;在教学管理与服务层面,信息化教学为教学管理与研究模式的创新以及"非核心教学业务"的服务分离带来了新机遇;在组织发展层面,信息化教学推动了高校教学组织的虚拟化,使"课程教学质量"这一隐性因素在职业教育国际竞争的过程中逐渐显现出来,不仅为世界建立了一个全新开放的文化交流与共享、博弈与对决的平台,还促进了本土的民族精神与大学文化的输出，为高校提升自身的国际声誉与地位提供了千载难逢的发展机遇。

第四，信息化教学利益相关主体的扩散动力问题是职业教育信息化教学创新扩散研究的重要基础。信息化教学创新扩散的正向驱动力主要来源于部分高校及企业。世界级一流大学和一些地方性普通高校是课程内容的提供者或信息化教学资源的采纳者，分别（或同时）扮演着扩散源或扩散汇的角色，其扩散动力源于学校及其师生的发展规划与愿景目标，包括质量提升的内在需求、扩大影响力的价值追求、获取办学资源的利益诉求及师生个体的发展欲求。企业是信息化教学的建设者、技术的开发者、平台的运营者及资源的推送者，其扩散动力既有信息化教学带来的预期收益、因信息化教学而产生的突破高等教育市场的新机遇和开放教育市场中的竞争优势，亦有领导团队的创新精神等因素。在信息化教学建设、应用与推广扩散的过程中，不可避免地会遇到来自系统平台、组织结构和政策环境等方面的种种阻碍与瓶颈制约，造成扩散动力的不足，主要表现为组织文化与愿景的矛盾与冲突、资源与政策的限制、课程完成率与学习效果不佳、持续经济模式的欠缺、潜在的认证问题与市场风险等方面。基于技术接受理论，并结合上述动力因素和阻力因素，可以构建信息化教学创新扩散的动力分析模型，以对信息化教学创新扩散的动力源和阻力源进行概括性描述。世界级的顶尖大学和信息化教学机构是创新扩散的主要推动者，第三方网络服务机构或教育机构是创新扩散的助力者，部分教师、在校生、普通高校、社会大众和风险投资公司对信息化教学的教育及经济收益充满了预期，但部分高校尤其是公立大学及其教师对信息化教学的态度摇摆不定，甚至采取反对或抵制的决策。这些利益相关者对建设、应用、共享与推广之影响力的合力即为信息化教学创新扩散的动力。上述影响力主要来源于"使用意向"与"扩散能力"两个方面，"使用意向"与"扩散能力"又决定着各参与主体的感知有用性和感知易用性。在了解利益主体扩散能力、偏好与策略的基础上，注入政府等新的动力源，采取决策最大限度地提升其感知有用性和感知易用性，在有效规避风险的同时，激发高校、企业、教师和学生的主动性与积极性，有利于实现信息化教学创新扩散动力的最大化。

第五，我国信息化教学的本土化扩散现状可以从两个层面进行剖析：一是中文信息化教学平台的建设与应用情况；二是职业教育对信息化教学及其代表的在线教育资源的管理制度和提供的环境支持。基于国内12家主流中文MOOC项目和34所从事信息化教学建设与应用职校的调研数据，我国信息化教学平台建设及项目实践的共性问题主要体现在以下几个方面：在建设层面，国外优质教育资源利用率不高，本土化特色不强；在设计层面，教学创新度不高，应用规模较小；在管理层面，尚未建立健全的质量保障体系；在运营层面，市场化程度不高。我国职业院校信息化教学政策环境的瓶颈制约主要表现在以下几方面：信息化教学的建设与应用遵循的是"局部改良"的逻辑思维，尚未形成颠覆性的创新；信息化教学的相关政策没有关联教师的评价机制与利益链条；大多数职业教育应用推广的内生动力明显不足，并且尚未建立虚拟与现实相互融通的教育制度体系。

第六，作为职业教育信息化的典型代表，信息化教学在一定程度上平衡了职业教育教学规模效益、质量效益和成本效益之间的矛盾冲突。从扩大规模、提升质量和减小成本三个视角出发，推进信息化教学本土化的创新扩散，不仅契合创新扩散理论的思想内涵与我国职业教育的政策导向，还体现了职业教育研究者、管理者与实践者关于深化职业教育改革的共同期待。具体路径如下：在引进与建设层面，以专业性与聚合性相结合为原则，提供规模适宜、可供选择的课程资源，满足师生的个性化教与学需求；在应用与实践层面，以革新性与共享性相结合为原则，提升高校教学水平与公民的整体素质；在管理与服务层面，以新的价值网络与制度支撑相结合为原则，将不能直接产生利润的课程整合到网络商业模式之中，寻求削减高等教育成本的新思路。

12.2 研究展望

现代信息技术在加速职业教育现代化进程的同时，丰富了现代化的内涵，革新了人们对现代化的期许。以信息化推动职教教学现代化是实现我国职业教育现代化的重要途径，人、资源、管理以及评价的现代化探索都已经得到了广泛的关注，本研究仅为冰山一角，尚不深入，接下来还有许多工作需要持续跟进，不断完善研究框架。

第一，进一步探索关于职教教师现代化发展的有效途径。持续推进人的现代化、提升人的全面发展是实现我国职教教学现代化的核心任务和根本前提。目前，关于职教教师的现代化的实践研究主要集中在现代信息技术支撑下职教教师信息化教学水平和能力的提升方面，且多停留在理论探索层面，因而需要更多研究者探寻具有实效性的职教教师的现代化发展之路，提出切实可行的发展策略和实践方案。

第二，完善现代职教教学资源的共建共享机制研究。在职教教学现代化的实践研究中，目前成果最多也最为显著的是职教教学资源的现代化。职教教学在现代化教学资源和资源库的共建方面已经取得了一定的成果，但在优质教学资源的共享方面仍存在很多问题，尚未形成一整套系统化的共享方案，致使资源利用率不高、资源共享范围狭窄等。因此，需要尽快制定相关的应对机制，实现真正意义上的共建共享和资源现代化。

第三，持续开展有关信息化推动职教教学评价现代化的研究。现代化职教教学评价应该是一种多元融合性的评价方式，主要依托大数据挖掘技术、数据分析技术和数据可视化技术等智能化技术，而现有评价研究主要停留在理论层面，典型案例较少，因而需要将理论研究与实践探索紧密结合起来，并且尝试基于信息化构建一套实效的评价体系，让评价真正服务于职教教学现代化发展。

参考文献

[1] 何克抗，林君芬，张文兰．教学系统设计 [M]. 北京：北京师范大学出版社，2002.

[2] 霍华德·加德纳．多元智能：7 种智能改变命运 [M]. 沈致隆，译．北京：新华出版社，2004.

[3] 吉尔伯特·罗兹曼．中国的现代化 [M]. 国家社会科学基金"比较现代化"课题组，译，沈宗美，校．南京：江苏人民出版社，1995.

[4] 罗家德．社会网络分析讲义 [M]. 北京：社会科学文献出版社，2010.

[5] 马化腾．"互联网 +"：国家战略行动路线图 [M]. 北京：中信出版社，2015.

[6] 夏惠贤．多元智能理论与个性化教学 [M]. 上海：上海科技教育出版社，2003.

[7] 祝智庭，钟志贤．现代教育技术：促进多元智能发展 [M]. 上海：华东师范大学出版社，2003.

[8] 安涛，李艺．教育技术理论的范畴体系与核心问题 [J]. 现代远程教育研究，2014(2): 16–22.

[9] 柏景岚．全国职业院校信息化教学大赛解析：以高职组教学设计分赛项为例 [J]. 职业技术教育，2016(12): 43–46.

[10] 常修泽，曾铮，顾严．信息化对中国经济社会发展的影响研究 [J]. 工程研究：跨学科视野中的工程，2013(2): 135–150.

[11] 陈金芳，万作芳．教育治理体系与治理能力现代化的几点思考 [J]. 教育研究，2016(10): 25–31.

[12] 陈琳，王矗，李凡，等．创建数字化学习资源公建众享模式研究 [J]. 中国电化教育，2012(1): 73–77.

[13] 陈琳，陈耀华．以信息化带动教育现代化路径探析 [J]. 教育研究，2013(11):

114–118.

[14] 陈琳，杨现民，李振超，等.2013 年中国教育信息化十大新闻解读 [J]. 中国电化教育，2014(3): 38–41.

[15] 陈琳. 中国职业教育信息化创新特色研究 [J]. 现代教育技术，2014(3): 12–18.

[16] 陈琳，王蔚，李佩佩，等.智慧校园的智慧本质探讨：兼论智慧校园"智慧缺失"及建设策略 [J]. 远程教育杂志，2016(4): 17–24.

[17] 陈琳，李佩佩，华露露.论智慧校园的八大外部关系 [J]. 现代远距离教育，2016(5): 3–8.

[18] 陈明选，龙琴琴，马志强. 基于概念图的协作评价活动设计与应用研究 [J]. 电化教育研究，2016(11): 75–84.

[19] 陈怡. 素质教育：教育理念现代化的集中体现 [J]. 中国高等教育，1999(10): 12–14.

[20] 陈拥贤. 对职业教育专业教学资源库建设的探讨 [J]. 职教论坛，2011(13): 52–54.

[21] 陈宇. 现代职业教育体系构建的三大关系探究 [J]. 继续教育研究，2017(9): 73–75.

[22] 方之瑜. 智慧城市背景下老年群体信息技术现状与能力培养 [J]. 中国电化教育，2018(2): 67–72.

[23] 付卫东，王继新，左明章. 信息化助推农村教学点发展的成效、问题及对策 [J]. 华中师范大学学报 (人文社会科学版)，2016(5): 146–155.

[24] 黄丽，郑欣. 高校语文教育中计算机技术广泛运用的利弊之我见 [J]. 语文建设，2016(3): 17–18.

[25] 关玉蓉. 浅析计算机技术在高校语文教学中的应用 [J]. 语文建设，2015(27): 3–4.

[26] 杜占元. 以教育管理信息化推动教育治理现代化 [J]. 教育发展研究，2015(3): 71.

[27] 高原. 近 5 年我国高等职业教育研究的热点问题 [J]. 教育与职业，2000(4): 38–40.

[28] 顾明远, 高益民. 现代化与中国文化传统教育[J]. 北京师范大学学报(社会科学版), 1995(5): 1–8.

[29] 顾明远. 关于教育现代化的几个问题[J]. 中国教育学刊, 1997(3): 10–15.

[30] 顾明远. 教育现代化的基本特征及实施策略[J]. 人民教育, 2007(Z2): 8–11.

[31] 顾明远. 实现教育现代化的宏伟蓝图: 学习贯彻《国家中长期教育改革和发展规划纲要》[J]. 北京师范大学学报(社会科学版), 2010(5): 5–13.

[32] 顾明远. 试论教育现代化的基本特征[J]. 教育研究, 2012(9): 4–10.

[33] 韩丽屏. 高职优质数字化专业教学资源库建设的规划与实施: 以深圳信息职业技术学院计算机多媒体技术专业校本资源库建设为例[J]. 中国教育信息化, 2016(1): 38–40.

[34] 何克抗. 迎接教育信息化发展新阶段的挑战[J]. 中国电化教育, 2006(8): 5–11.

[35] 何克抗. 教育信息化是实现义务教育优质、均衡发展的必由之路[J]. 现代远程教育研究, 2011(4): 16–21.

[36] 何克抗. 智慧教室+课堂教学结构变革: 实现教育信息化宏伟目标的根本途径[J]. 教育研究, 2015(11): 76–81.

[37] 何克抗. 教育信息化发展新阶段的观念更新与理论思考[J]. 课程·教材·教法, 2016(2): 3–10.

[38] 黄荣怀, 张进宝, 胡永斌, 等. 智慧校园: 数字校园发展的必然趋势[J]. 开放教育研究, 2012(4): 12–17.

[39] 黄益飞. "中国制造2025"下技工院校的发展路径研究: 以杭州萧山技师学院为例[J]. 职业, 2016(3): 24–25.

[40] 姬如. 我国职业教育信息化存在的问题及对策研究[J]. 职业教育研究, 2014(1): 20–23.

[41] 姜大源. 现代职业教育体系构建的理性追问[J]. 教育研究, 2011(11): 70–75.

[42] 姜丽萍. 职业院校信息化教学的误区与对策: 由全国职业院校信息化教学大赛参赛作品谈起[J]. 中国职业技术教育, 2017(23): 5–7.

[43] 蒋旋新, 王春柱, 蒋萌. 西藏职业教育的历史跨越与战略构想[J]. 职教论坛, 2010(31): 80–83.

[44] 金海月. 概念图在评价数学概念性理解中的应用 [J]. 数学教育学报, 2015(3): 55–59.

[45] 柯清超, 郑大伟, 张文, 等. 国家教育资源公共服务平台评价机制研究 [J]. 中国电化教育, 2016(9): 8–15.

[46] 李葆萍, 周颖. 基于大数据的教学评价研究 [J]. 现代教育技术, 2016(6): 5–12.

[47] 李进. 论现代职业教育体系的治理现代化 [J]. 中国高教研究, 2014(11): 19–24.

[48] 李珺. 远程职业教育网络学习共同体的模型建构 [J]. 教育与职业, 2016(8): 103–105.

[49] 李康康, 赵鑫硕, 郑琳. 我国智慧教室的现状及发展 [J]. 现代教育技术, 2016(7): 25–30.

[50] 李芒, 孔维宏, 李子运. 问"乔布斯之问": 以什么衡量教育信息化作用 [J]. 现代远程教育研究, 2017(3): 3–10.

[51] 李平. 论高等职业教育教师队伍的现代化 [J]. 教育与职业, 2011(20): 56–57.

[52] 李佩佩. 全息技术在智慧教育中的应用研究 [J]. 现代教育技术, 2017(6): 12–17.

[53] 李松, 黄荣怀. 不同形态教学资源建设的特点与模式的研究 [J]. 现代远距离教育, 2008(5): 27–30.

[54] 李小鲁. "工匠精神", 职业教育的灵魂 [J]. 航海教育研究, 2016(2): 23.

[55] 李小娃, 莫玉婉. 专业教学资源库建设: 从资源的优质共享到高职院校的优质均衡 [J]. 职业技术教育, 2017(19): 30–34.

[56] 李鹏. 计算机技术在语文教学中的应用 [J]. 语文建设, 2015(15): 13–14.

[57] 李玉梅. 试析民族文化对中国企业管理理念的影响 [J]. 经济与管理, 2002(6): 21–22.

[58] 李宗桂. 经济全球化与民族文化建设 [J]. 哲学研究, 2001(1): 16–20.

[59] 刘慧姝. 信息化教学设计在职业教育中的应用与创新研究 [J]. 科技创新导报, 2016(16): 140–141.

[60] 龙昕. 计算机技术在新时期高校语文教育中的应用研究 [J]. 语文建设, 2016(6): 25–26.

[61] 卢双盈，刘新钰. 国家职业教育改革创新示范区探索现代职业教育体系的实践与思考[J]. 中国职业技术教育，2015(27): 10–15.

[62] 鲁昕. 建设现代职业教育体系服务中国现代化建设[J]. 中国职业技术教育，2012(16): 96–98.

[63] 罗廷锦，余胜泉. 浅谈教育教学资源库的建设[J]. 现代教育技术，2002(2): 35–38.

[64] 吕可红. 日本社会的信息化与教育信息化[J]. 外国教育研究，1986(3): 9–14.

[65] 南国农. 电化教育与学校教育现代化建设[J]. 电化教育研究，1997(1): 3–8.

[66] 南国农. 我国教育信息化发展的新阶段、新使命[J]. 电化教育研究，2011(12): 10–12.

[67] 南国农. 教育信息化建设的几个理论和实际问题(上)[J]. 电化教育研究，2002(11): 3–6.

[68] 牛育华，马小莉，蔺小林，等. 高等学校教师发展性评价体系的理论与实践探析[J]. 陕西教育(高教版)，2010(Z1): 8–9.

[69] 蒲丽霞，单昕，苗志娟. 教育现代化背景下教师发展困境的突破[J]. 教学与管理，2014(26): 3–5.

[70] 冉利龙. 远程教学资源共建共享的探索与实践[J]. 中国远程教育，2015(5): 55–60.

[71] 单培勇，高居家. 人的素质与人的现代化内涵评估、界定及内在关系[J]. 经济与社会发展，2016(1): 82–86.

[72] 沈培华，王映雪，武海平，等. 教育管理现代化与信息系统建设[J]. 清华大学教育研究，2000(1): 138–142.

[73] 时立荣，高峰，卢立涛. 职业教育数字校园政策的价值分析及实现策略[J]. 中国电化教育，2015(8): 47–51.

[74] 史晓鹤，程彬，陈济，等. 职业学校学生综合职业素养成长模式的研究与实践[J]. 中国职业技术教育，2015(11): 20–24.

[75] 舒杭，王帆，蔡英歌. 面向群体智慧的新型微群教学模式的构建[J]. 现代教育技术，2015(8): 19–25.

[76] 宋健,陈士俊.信息化发展阶段论对我国高校信息化的启示[J].中国教育信息化,2007(5): 8–10.

[77] 唐伟宸.共享经济引领中国经济新常态:理论与案例分析[J].环境与可持续发展,2016(4): 125–126.

[78] 唐文晶.试论信息化教学大赛对职教教师能力提升的拉动作用[J].中国职业技术教育,2015(20): 52–55.

[79] 汤文经.多媒体教学初探兼论职业教育现代化的途径[J].职业教育研究,1985(1): 44–46.

[80] 田欢.从国内外职业教育发展对比看我国职业教育改革[J].黑龙江生态工程职业学院学报,2010(1): 83–84.

[81] 王斌华.教师评价标准的研究[J].教师教育研究,2009(6): 53–57.

[82] 王丰亚.试论信息化对社会经济发展的影响[J].科技经济市场,2017(7): 73–74.

[83] 王秉琦.教育理念现代化是高校治理现代化的前提[J].教育与职业,2015(4): 44.

[84] 王洪梅,王运武,丁超,等.3D视频资源:数字化教育资源的新形态[J].现代教育技术,2017(4): 19–24.

[85] 王舰,平思雨,孙红亮.基于米切模型的会计信息系统升级策略[J].中国管理信息化,2016(3): 49–52.

[86] 王继新,张伟平.信息化助力县域内教育优质均衡发展研究[J].中国电化教育,2018(2): 1–7.

[87] 王晓晨,陈曦,卢婷婷,等.数字教育资源共创共享建设模式研究[J].中国电化教育,2016(4): 58–63.

[88] 王欣,杨泽伟.关于职业教育信息化及信息化教学设计的探讨[J].职教论坛,2014(5): 76–78.

[89] 王扬南.2017全国职业院校信息化教学大赛述评[J].中国职业技术教育,2017(35): 5–8.

[90] 王运武. 实现数字校园协同效应的八种作用机制 [J]. 现代远程教育研究, 2012(3): 53–62.

[91] 王忠厚, 朱德全. 城乡统筹背景下职业教育信息资源共享研究 [J]. 电化教育研究, 2011(1): 77–80.

[92] ELENA MAKAROVA, BELINDA AESCHLIMANN, WALTER HERZOG. Why is the pipeline leaking? Experiences of young women in STEM vocational education and training and their adjustment strategies[J]. Empirical Research in Vocational Education and Training, 2016(2): 4–5.

[93] JANICE S TRIPNEY, JORGE G HOMBRADOS. Technical and vocational education and training (TVET) for young people in low- and middle-income countries: a systematic review and meta-analysis[J]. Empirical Research in Vocational Education and Training, 2013(3): 2–4.